国家自然科学基金青年项目"国有企业股权多元化、权力配置与产品市场——基于治理粘性视角"(71402004);
教育部人文社会科学研究青年基金项目"披露动机、策略与风险信息功能研究——基于风险预警与谋利工具视角"(14YJC630215)

董事会治理功能及其评价研究

Research on Board Governance Functions and
Board Governance Evaluation Systems

周婷婷／著

图书在版编目（CIP）数据

董事会治理功能及其评价研究/周婷婷著. —北京：经济管理出版社，2016.3
ISBN 978-7-5096-4015-9

Ⅰ.①董… Ⅱ.①周… Ⅲ.①董事会—管理体制—研究 Ⅳ.①F271

中国版本图书馆 CIP 数据核字（2015）第 244903 号

组稿编辑：王光艳
责任编辑：王光艳
责任印制：黄章平
责任校对：王 淼

出版发行：经济管理出版社
（北京市海淀区北蜂窝 8 号中雅大厦 A 座 11 层　100038）
网　　址：www.E-mp.com.cn
电　　话：（010）51915602
印　　刷：北京九州迅驰传媒文化有限公司
经　　销：新华书店
开　　本：720mm×1000mm/16
印　　张：10
字　　数：206 千字
版　　次：2016 年 3 月第 1 版　2016 年 3 月第 1 次印刷
书　　号：ISBN 978-7-5096-4015-9
定　　价：48.00 元

·版权所有　翻印必究·

凡购本社图书，如有印装错误，由本社读者服务部负责调换。
联系地址：北京阜外月坛北小街 2 号
电话：（010）68022974　邮编：100836

前　　言

　　董事会是公司治理的核心，是股东与经理层之间联系的纽带，在公司运营中扮演着举足轻重的角色。基于代理理论、资源依赖理论、管家理论，董事会的功能主要包括监督功能、资源提供功能和战略功能等。"董事会运作"是董事会功能实现的关键环节，也是公司治理研究的重要问题。但是，对董事会运作问题的探索极其困难。扎赫拉（Zahra）和皮尔斯（Pearce）1989年指出，研究公司治理的运作要素是很困难的，很少有实证研究涉及董事会运作，部分原因是很难接近董事会以观察董事会运作的过程；没有这些信息，很难对董事会履行职责过程中的变化进行描述。

　　董事会的"运作黑箱"在一定程度上阻碍了公司治理研究者对于董事会功能及其评价的研究。公司治理研究者通常通过董事会的结构以及特征，比如董事会规模、董事薪酬和独立董事比例等探究董事会功能，并借此评价董事会治理质量。这显然存在一定的偏颇。

　　立足于内部控制与风险承担，本书探讨了董事会的监督功能与战略功能，并依据制度背景与公司治理准则，构建了中国上市公司、中国在美上市公司董事会治理评价指标体系。在构建董事会治理评价指标体系的过程中，本书尽量凸显董事会运作指标。在构建中国上市公司董事会治理评价指标体系中，涵盖了董事会专业委员会履职情况汇报、董事股份变动合规性、董事会议事规则、董事培训等指标。在构建中国在美上市公司董事会治理评价指标体系中，涉及董事会业绩评估、董事权利赋予、董事会职能发挥和关联交易等指标。

　　在董事会功能研究中，立足于内部控制行为与管理层风险承担行为，探讨董事会在内部控制中承担的监督职能，在公司创新行为中承担的战略引导职能。研究发现，良好的董事会治理质量意味着公司内部控制行为的正规、有效。完善的董事会治理机制能够增强的问题管理层的风险承担意愿，进而促进公司的技术创新行为。

　　本书的结构如下：第1章是中国上市公司董事会治理评价研究。在机构评级、学者评级以及中国特定制度环境的背景下,从董事会构成、董事会专业委员会、董事薪酬、董事会运作四个方面,构建了 42 项董事会治理指标。第 2 章是中国在美上市公司董事会治理评价研究。中国在美上市公司的董事会治理兼具中美两国元素。中国在美上市公司董事会治理评价指标体系根据美国资本市场与中国的差异、证券监管规则与中国的差异,重点体现中国公司赴美上市后在董事会治理方面的差异,从董事权利与义务、董事会运作效率、董事会组织结构、董事薪酬、独立董事制度和董事会专业委员会六个方面,以董事诚信、勤勉义务为核心,构筑了 100 项董事会治理评价指标。第 3 章是中国上市公司董事会治理质量分析。以 2006～2013 年沪深两市 2663 家上市公司为样本,从董事长变更、董事年龄及性别构成、董事会专业委员会、董事会会议、独立董事出席会议、独立董事意见发表、董事薪酬、董事及董事相关人员持股变动方面分析中国上市公司董事会治理质量。第 4 章是中国上市公司董事会的内部控制功能。以 2007～2013 年披露内部控制自我评价报告、内部控制审计报告的公司为样本,分析中国上市公司的内部控制质量以及董事会治理的内部控制功能。第 5 章是中国上市公司董事会的战略功能:基于管理层风险承担视角。公司在高风险的 R&D 与低风险的资本支出之间的资金配置,作为管理层风险承担行为的有效体现,是治理情境下公司财务决策的重要研究问题。基于管理层风险承担意愿,立足于管理层风险承担对长期绩效的提升效应,在考虑内生性的基础上,采用联立方程模型实证探讨了董事会治理、管理层持股对管理层风险承担的影响。研究发现:在中国目前的制度背景下,上市公司的董事会治理和管理层所有权存在着互补关系,董事会治理和管理层激励机制的"双管齐下"有助于大力推动管理层的风险承担行为。管理层风险承担所倡导的创新活动增加了公司的特质风险,但该特质风险的增大却对公司的长期绩效具有显著的推动效应。实践表明,公司需要建立完善的董事会治理机制,设计有助于增强管理层所有权的薪酬契约,为管理层风险承担行为提供有效的制度保障;但公司仍需关注创新活动中的不确定性和风险性,从而确保技术创新对公司未来发展的巨大驱动效应。第 6 章是结论与研究展望。中国上市公司董事会质量面临着"强制型治理"向"自主型治理"转型的关键时期。内部控制的披露水平和质量需在会计控制、控制设计、控制运行、信息与沟通、管理控制中的控制缺陷等方面切实提高。董事会机制的完善有助于提升管理层的风险承担意愿,切实发挥了战略功能。

  本人在硕士、博士求学期间,在南开大学中国公司治理研究院从事董事会治理评价工作多年,感谢南开大学中国公司治理研究院的培养,感谢恩师李维安先生的悉心教导,使我积累了丰富的董事会治理评价的经验,也为本书的董事会治理评价指标体系的构建奠定了坚实的基础。本书第 3 章和第 4 章的数据处理工作由北京第二外国语学院财务管理系黄婕完成,对黄婕在处理数据过程中体现出的缜密的思维能力和优秀的数据分析能力表示感谢。本书第 5 章的研发数据由北京第二外国语学院财务管理系白帆帆、郭岩、胡丹丹、尉嘉昕、徐晶晶、于静(按姓氏拼音排序)收集整理,并承担了部分统计分析工作,在此一并表示感谢。

周婷婷
2015 年夏

目　　录

第1章　中国上市公司董事会治理评价研究 ……………………………… 1

1.1　董事会治理指数——机构评级 ……………………………………… 1
1.1.1　德国公司治理记分卡 …………………………………………… 1
1.1.2　JCR Eurasia Rating 的公司治理评级 ………………………… 2
1.1.3　美国机构股东服务公司的治理风险指标体系 ……………… 3
1.1.4　企业图书馆投资研究公司（The Corporate Library）的董事会
　　　有效性评价 …………………………………………………… 6
1.1.5　国际治理标准公司（Governance Metrics International）
　　　的公司治理评级 ……………………………………………… 6
1.1.6　国际治理标准公司评级（GMI Ratings）的环境、社会与治理
　　　（ESG）和会计与治理风险（AGR）评级 ……………………… 7
1.1.7　穆迪的公司治理评估（CGA）………………………………… 8
1.1.8　标准普尔公司治理评分体系（CGS）………………………… 9
1.1.9　里昂证券的公司治理评分（CLSA CG Score）……………… 11
1.1.10　中国公司治理研究院（CCGI）……………………………… 12
1.1.11　中国社会科学院公司治理研究中心、甫瀚咨询 ………… 14
1.1.12　机构评级简要评述 ………………………………………… 14

1.2　董事会治理指数：学者评级 ………………………………………… 16
1.2.1　国内学者董事会治理评价应用研究 ………………………… 17
1.2.2　国外学者董事会治理评价应用研究 ………………………… 19
1.2.3　学者评级简要评述 …………………………………………… 25

1.3　中国上市公司董事会治理评价指标构建 …………………………… 27
1.3.1　董事会构成 …………………………………………………… 30
1.3.2　董事会专业委员会 …………………………………………… 32

1.3.3　董事薪酬 …………………………………………………… 34
　　　1.3.4　董事会运作 ………………………………………………… 36

第2章　中国在美上市公司董事会治理评价研究 …………………… 40
　2.1　中国在美上市公司董事会治理评价的意义 ……………………… 40
　2.2　中国在美上市公司董事会治理评价指标体系 …………………… 42
　　　2.2.1　中国在美上市公司董事会治理共性指标 ………………… 42
　　　2.2.2　中国在美上市公司董事会治理特性指标 ………………… 44
　　　2.2.3　中国在美上市公司董事会治理评价指标体系 …………… 53
　2.3　中国在美上市公司评价样本概况 ………………………………… 57

第3章　中国上市公司董事会治理质量分析 …………………………… 66
　3.1　样本情况分析 ……………………………………………………… 66
　3.2　董事长变更 ………………………………………………………… 68
　3.3　董事年龄及性别构成 ……………………………………………… 71
　3.4　董事会专业委员会 ………………………………………………… 72
　3.5　董事会会议 ………………………………………………………… 74
　3.6　独立董事出席会议 ………………………………………………… 75
　3.7　独立董事意见发表 ………………………………………………… 75
　3.8　董事薪酬 …………………………………………………………… 78
　3.9　董事及董事相关人员持股变动 …………………………………… 79
　3.10　本章小结 ………………………………………………………… 89

第4章　中国上市公司董事会的内部控制功能 ………………………… 91
　4.1　中国上市公司内部控制现状 ……………………………………… 91
　　　4.1.1　内部控制评价报告情况 …………………………………… 91
　　　4.1.2　内部控制审计报告情况 …………………………………… 94
　　　4.1.3　内部控制评价报告缺陷情况 ……………………………… 97
　4.2　董事会治理与内部控制 …………………………………………… 101
　4.3　本章小结 …………………………………………………………… 105

第5章　中国上市公司董事会的战略功能：基于管理层风险承担视角 …… 107
　5.1　引言 ………………………………………………………………… 107
　5.2　理论分析与研究假设 ……………………………………………… 108

  5.2.1 管理层风险承担意愿 …………………………………… 108
  5.2.2 董事会治理、管理层持股与管理层风险承担 ………… 110
  5.2.3 管理层风险承担、特质风险与长期绩效 ……………… 117
 5.3 研究设计 …………………………………………………………… 120
  5.3.1 样本选择与数据来源 …………………………………… 120
  5.3.2 主要变量 ………………………………………………… 120
  5.3.3 研究模型 ………………………………………………… 122
 5.4 实证结果与分析 …………………………………………………… 124
  5.4.1 描述性统计 ……………………………………………… 124
  5.4.2 董事会治理、管理层持股与管理层风险承担：
     内生性考虑 ……………………………………………… 125
  5.4.3 管理层风险承担与长期绩效：特质风险的中介效应 … 127
  5.4.4 治理、风险承担与长期绩效的综合考虑：路径分析 … 129
 5.5 稳健性检验 ………………………………………………………… 131
  5.5.1 R&D 投资数据可信吗？ ………………………………… 131
  5.5.2 与管理层风险承担行为相连的特质风险是否能够
     促进长期绩效 …………………………………………… 133
 5.6 本章小结 …………………………………………………………… 134

第6章 结论与研究展望 ………………………………………………… 135

 6.1 研究结论与政策建议 ……………………………………………… 135
 6.2 研究不足与展望 …………………………………………………… 136

参考文献 ……………………………………………………………………… 138

第 1 章

中国上市公司董事会治理评价研究

随着公司治理实践的不断发展,针对上市公司治理质量的评价应运而生。公司治理评价提供了上市公司治理质量提升的基准和标杆,是监管部门、上市公司、投资者、学术研究者衡量上市公司治理水平的良好工具。各国的各类机构、学者立足于本国独特的制度背景,根植于公司治理的差异化准则体系,服务于不同的评级目的,建立了各具特色的公司治理评价指标体系。董事会治理作为公司治理的核心,在公司治理中具有重要的地位。几乎所有公司治理评级体系都会涉及董事会治理评价。本书从国内外机构、学者评级角度针对董事会治理评级及其相关研究进行阐述,并依据我国的制度背景和治理实践,提出董事会治理评价指标体系,作为本书实证研究的关键变量董事会治理的度量指标。

1.1 董事会治理指数——机构评级

各国公司治理评级机构基于国家制度背景、治理实践以及治理评级的不同目的,制定了适合各国国情的公司治理评价指标体系,董事会治理通常是公司治理评级体系中的重要组成部分。机构的种类涉及商业机构,也包括非商业机构。本书主要针对德国、日本、美国和中国的董事会治理机构评级进行简要阐述,为本书董事会治理指数的构建提供支撑。

1.1.1 德国公司治理记分卡

德国公司治理记分卡以德国公司治理准则(German Corporate Governance Code)为依据,采用 DVFA 评估方法,从公司治理承诺(Corporate Governance

Commitment)、股东和股东大会、管理董事会与监督董事会之间的协调、管理董事会、监督董事会、透明度、年报及审计七个方面,对德国公司治理状况进行的评价。表1-1为德国公司治理记分卡中与董事会相关的部分。

表1-1 德国公司治理记分卡

一级指标	二级指标
管理董事会和监督董事会之间的协调	管理董事会和监督董事会之间是否有关于管理董事会及时、完整提供信息的书面文件
	监督董事会的权利与义务、交易审批权限、管理董事会的信息义务是否明确规定
	股东代表与监督董事会雇员单独沟通为监督董事会会议做准备
	当公司发生要约收购时是否召开了股东大会
	管理董事会和监督董事会成员是否具有高管责任保险
管理董事会（Management Board）	管理董事会是否制定了经营准则、公司政策条例等
	管理董事会成员的固定薪酬、可变薪酬是否单独披露
	管理董事会成员的可变薪酬部分是否与公司绩效挂钩
	涉及利益冲突的决策及其他事项是否经过讨论后批准
监督董事会（Supervisory Board）	明确规定监督董事会成员的任职资格
	管理董事会前成员在监督董事会任职的人数不超过两个
	监督董事会成员没有在公司重要竞争对手的董事会中担任职务,也没有为公司重要竞争对手提供咨询服务
	管理董事会成员的再次任命发生在原有任期结束前一年,并适当考虑了年龄限制因素
	监督董事会是否设有足够的专业委员会以处理公司的复杂事务
	是否设立审计委员会
	审计委员会主席不能由监督委员会主席担任
	监督董事会成员的薪酬与公司长期绩效相连,并在年报中单独披露
	监督董事会成员因咨询或代理服务获得的附加薪酬在年报中单独披露
	监督董事会和股东大会知晓公司的利益冲突、自营业务交易情况
	监督董事会出具了年度工作汇报/总结

资料来源：笔者根据 Scorecard for German Corporate Governance 整理。

1.1.2 JCR Eurasia Rating 的公司治理评级

JCR Eurasia Rating 在土耳其设立,隶属于日本信用评级机构（Japan Credit

Rating Agency），是一家国际信用评级公司。JCR Eurasia Rating 建立于 2006 年，业务涉及主权信用评级、金融机构评级、保险公司评级、债券评级、公司治理咨询等。JCR Eurasia Rating 的公司治理评级由股东、公众信息披露和透明度、利益相关者、董事会四个部分组成。表 1-2 为 JCR Eurasia Rating 公司治理评级中董事会部分的指标。

表 1-2 JCR Eurasia Rating 的公司治理评级——董事会部分 - A

序号	董事会部分指标
1	界定并披露了公司的愿景及使命
2	经理层决定的公司基本战略需要董事会审核并许可
3	董事会对风险管理工作的有效性
4	内部控制系统完善
5	内部审计机构健全
6	董事会秘书处结构健全
7	管理层具有良好的教育背景和经营经验
8	公司建立了审计委员会
9	公司建立了公司治理委员会
10	公司建立了薪酬委员会
11	公司建立了信用与资产责任委员会
12	董事会非执行董事与执行董事的比例为 8∶11
13	明确规定董事会、经理层的责任与义务
14	规定股东、利益相关者召开股东大会的情况
15	公司董事会中有独立董事成员
16	董事、经理层的薪酬需单独披露
17	公司治理委员会有效运转
18	非执行董事召开没有执行董事参与的会议
19	董事继任人选及聘用过程的公开披露

资料来源：笔者根据 JCR 公司治理评价报告整理。

1.1.3 美国机构股东服务公司的治理风险指标体系

机构股东服务公司（Institutional Shareholder Services Inc.，以下简称 ISS）是美国著名的公司治理咨询机构。2002 年，ISS 从审计、董事会、股东权利和薪酬四个方面对美国、加拿大、法国、德国、荷兰、瑞典、英国上市公司治理风险进行评价,形成了治理风险指标体系(Governance Risk Indicators,以下简称GRID),旨在为机构投资者提供投资决策、投票权行使、代理等方面的建议,并为上市公司提供完善公司治理的基准。表1-3是GRID中董事会治理部分的指标设计情况。

表1-3 ISS董事会治理指标体系

		美国	加拿大	法国	德国	荷兰	瑞典	英国
董事会构成	董事会规模					◆		◆
	独立董事与董事会规模之比	◆	◆	◆	◆	◆		◆
	独立董事与股东提名董事之比						◆	
	任职时间过长①的董事比例					◆		
	董事会主席的分类②		◆	◆	◆	◆		◆
	董事长和CEO是否实现两权分离	◆						
	公司是否任命了高级独立董事或领导董事③	◆						◆
	监督董事会成员的任期					◆		
	执行董事会成员的任期					◆		
	董事会成员中与高管或控股股东有联系的董事比例	◆						
	前任高管担任董事比例	◆						
提名委员会构成	提名委员会成员的独立性	◆	◆	◆		◆		◆
	提名委员会主席的分类			◆		◆		
	董事长是否为提名委员会成员			◆				
	提名委员会的职能是否对整个董事会负责			◆	◆	◆		◆
	提名委员会中是否有职工代表				◆			
	提名委员会中是否有小股东代表						◆	
	提名委员会主席的资格背景			◆				◆
薪酬委员会构成	薪酬委员会的独立情况	◆	◆					◆
	高管是否在薪酬委员会中任职			◆				
	薪酬委员会主席的分类			◆				◆
	董事会主席是否在薪酬委员会中任职					◆		◆
	薪酬委员会成员是否在其他薪酬委员会交叉任职			◆				
	薪酬委员会是否对整个董事会负责			◆	◆	◆		◆

---

① 根据荷兰市场实践,任职时间大于或等于四年界定为任职时间过长。
② 董事长的分类是指董事长为公司高管,关联非执行董事,独立董事或者公司的前任CEO。
③ 当股东通过正常途径无法与现任董事会沟通,或者对于那些董事长与CEO两职合一的公司而言,任命一位高级独立董事或领导董事是非常有必要的。

续表

		美国	加拿大	法国	德国	荷兰	瑞典	英国
审计委员会	审计委员会的独立性	◆	◆	◆	◆	◆		◆
	高管是否在审计委员会中任职				◆		◆	
	审计委员会主席的分类				◆	◆	◆	
	董事会主席是否在审计委员会中任职					◆		◆
	审计委员会是否对整个董事会负责			◆	◆	◆	◆	◆
董事会实践	高管在其他董事会中是否有任职情况			◆	◆	◆	◆	◆
	CEO兼任了多少家公司的董事	◆		◆	◆	◆	◆	◆
	CEO是否存在在其他公司中兼任董事职位过多的情况	◆		◆	◆	◆	◆	◆
	在其他公司中兼任董事职位过多的非执行董事人数	◆		◆	◆	◆	◆	◆
	执行董事是否在其他公司中兼任董事职位过多的情况			◆	◆	◆	◆	◆
	董事长是否在其他公司中兼任过多的董事职位			◆	◆	◆	◆	◆
	董事成员的参会情况				◆		◆	◆
	所有董事是否至少参加了一半董事会会议				◆			
	参加董事会会议不足75%的董事比例				◆		◆	◆
	未能参加公司75%董事会会议的董事是否给出了可信的理由	◆	◆					
	在最近一次年会中遭遇50%或以上拒绝投票、反对票的董事人数	◆	◆					
	公司是否对董事会的绩效进行评价			◆	◆	◆	◆	◆
	至少50%的监督董事会成员参加的董事会会议次数				◆			
	公司是否披露了相关政策要求对董事进行年度评价			◆	◆	◆	◆	◆
董事会政策	公司是否披露了董事会或者治理准则	◆						
	独立董事是否召开了没有高管参与的会议	◆	◆					
	董事是否能不用获得高管许可就聘用独立的咨询人员	◆	◆					
	在董事会议案两方投票票数相等的情况下,公司是否赋予了董事长第二次投票权或者决定权			◆				
关联交易	董事参与关联交易的比例	◆	◆					
	参与关联交易的董事是否任职于董事会的关键委员会	◆	◆					
	CEO是否参与了关联交易	◆						

资料来源:笔者根据治理风险指标2.0:技术文档(Governance Risk Indicators 2.0: Technical Document)整理。

1.1.4 企业图书馆投资研究公司（The Corporate Library）的董事会有效性评价

企业图书馆投资研究公司（The Corporate Library，以下简称 TCL）成立于 1996 年，是独立的投资研究公司，提供公司治理数据、分析以及风险评估工具。TCL 的董事会有效性评价主要从董事及高管薪酬、董事会结构与构成两方面展开。在董事及高管薪酬方面，TCL 认为，如果公司为董事、高管制定的薪酬政策没有体现对股东利益的关注，则是无效率治理的信号；而长短期薪酬适度结合，并与股东回报相连的薪酬契约是良好董事会治理的体现。在董事会构成与实践方面，TCL 的指标包括董事任期、董事年龄、董事会独立性、前任 CEO 在董事会任职情况、董事兼任情况等。TCL 的董事会有效性评价指标详见表 1-4。

表 1-4 企业图书馆投资研究公司的董事会有效性评价

序号	指标描述
1	股票期权、限制性股票数量及制定；期权行使；股票减持等
2	董事、高管的年薪不应超过 100 万美元，且制定与绩效挂钩的绩效工资
3	董事、高管的薪酬总额
4	限制性股票、股票期权价值
5	俱乐部成员、保险、退休计划、交通费等开支
6	长短期任期董事在董事会中的比例需平衡
7	70 岁以上董事比例不能太高
8	董事会独立性
9	CEO 只在一家董事会任职，且不能成为薪酬委员会成员
10	前任 CEO 不能成为董事会主席
11	董事会成员总共担任的董事职位不能超过四家

资料来源：笔者根据公司治理评级（Corporate Governance Ratings）整理。

1.1.5 国际治理标准公司（Governance Metrics International）的公司治理评级

国际治理标准公司（Governance Metrics International，以下简称 GMI）成立于 2000 年，是独立的公司治理评级机构，为机构投资者、上市公司、法律和会计公司、保险公司、监管者等提供相应的公司治理评级服务。GMI 的公司治理评级从董事会责任、年报披露与内部控制、股东权利、高管薪酬、控制权市场、公司行为及社会责任六个方面展开。表 1-5 给出了 GMI 公司治理评级中董事会部分的指标。

表 1-5　GMI 的公司治理评级中董事会相关部分

序号	指标描述
1	薪酬委员会成员全部由非执行董事组成
2	公司应披露具体的薪酬标准
3	过去三年里，公司是否对股票期权进行了重新定价，或者启用高管参与的股票期权变更项目
4	董事会每位成员是否都持有公司股票
5	股票期权计划对公司股权的潜在稀释
6	董事会专业委员会是否对董事会业绩进行年度评估
7	每个董事会专业委员会是否针对自身业绩进行年度评估
8	董事会成员是否进行自我评估或者对其他董事的工作情况进行评价
9	是否针对新入职董事进行培训
10	公司是否规定董事任职的最长年限
11	公司是否规定董事被再次聘任的次数上限
12	是否有董事在公司任职的时间超过 15 年
13	公司是否关注董事主要职业变更的情况
14	过去三年里，是否有关联交易涉及董事、高管等公司关键人员

资料来源：笔者根据公司治理评级（Corporate Governance Ratings）整理。

1.1.6　国际治理标准公司评级（GMI Ratings）的环境、社会与治理（ESG）和会计与治理风险（AGR）评级

2010 年，国际治理标准公司（GMI）和企业图书馆投资研究公司（TCL）GMI 和 TCL 合并，成立了国际治理标准公司评级（GMI Ratings）。国际治理标准公司评级是全球领先的公司治理咨询公司，进行环境、社会与治理（Environmental, Social and Governance，ESG）和会计与治理风险（Accounting and Governance Risk，AGR）的评级。环境、社会与治理评级（ESG Ratings）的评级建立在大量研究的基础上，将环境、社会、治理因素融入模型，考虑到会计透明度因素，为公司识别风险提供借鉴。环境、社会与治理评级（ESG Ratings）利用 120 个环境、社会、治理评级的关键指标（ESG Key Metrics），针对世界范围内 5500 家公司进行评级，旨在为投资者评估公司的潜在投资价值。ESG 评级包括公司事件、董事会、薪酬、所有权与控制、环境绩效、社会影响六个方面。会计与治理评级（AGR Ratings）是会计与治理风险评级，为世界范围内 18000 家上市公司的诉讼风险进行评估，反映了公司财务报表的准确性和可靠性。会计与治理风险（AGR）评级包括收入识别、费用识别实践、高风险事件、治理实践、资产债务

价值（Asset – Liability Valuation）五个方面。会计与治理风险（AGR）评级包括会计风险的评级和治理风险的评级两部分。会计风险评级包括收入识别实践、费用识别实践、资产债务价值（Asset – Liability Valuation）三部分；治理风险评级包括高风险事件、治理实践两部分。表 1 – 6 是会计与治理风险（AGR）评级中的治理风险评级，第二列中的菱形代表该指标在治理风险评级中的重要性。若没有标注菱形，表明该指标相对次要。由于资料获取的原因，本书并未给出关于环境、社会与治理（ESG）的更多介绍。

表 1 – 6　AGR 评级中的治理风险评级——A

治理实践	
盈余增长——连续的季度增长	◆
董事会主席与 CEO 由同一人担任	◆
董事会独立性：高管兼任董事的比例	
集体诉讼	◆
薪酬：CEO 与 CFO 总薪酬的比例	◆
相关报表的不合规披露	
高风险事件	
资产剥离	◆
收购兼并	◆
员工增长率	◆
汇率变动	
重组	◆
股票回购	◆

资料来源：国际治理标准公司评级白皮书、会计与治理风险模型：衡量公众公司的会计与治理风险（GMI Ratings's White Report, The GMI Ratings AGR Model：Measuring Accounting and Governance Risk in Public Corporations）．

1.1.7　穆迪的公司治理评估（CGA）

穆迪公司（Moody's Corporation）（NYSE：MCO）是穆迪投资者服务公司（Moody's Investors Service）的母公司。穆迪投资者服务公司总部位于纽约曼哈顿，由约翰·穆迪（John Moody）于 1900 年创立，是世界领先的信用评级、研究以及风险分析公司。穆迪致力于增进资本市场的透明度，为信贷质量和信贷价值提供建议。

2002 年，穆迪公布了增强公司信用分析的项目。公司治理评估是穆迪公司信用评级的一个部分,主要针对北美债券发行者的公司治理评估,旨在提升评级质量,帮助投资者评估债券发行者的信贷风险。公司治理评估(Corporate Governance Assessment,简称CGA)的数据来源于公司的公开信息,以及与公司高管、外部董事的沟通讨论。CGA包括董事会,审计委员会及关键审计、责任功能,利益冲突,高管薪酬、管理层发展及评价,股东权利,所有权,治理透明度七个方面。表1-7为穆迪公司的公司治理评估中与董事评估相关的指标。

表1-7 穆迪公司的公司治理评估中与董事评估相关的指标

序号	指标描述
1	CEO与董事长是否由同一人兼任
2	董事构成不合理,表现在董事的商业背景欠缺、与公司经营业务不相称的社会名流过多、董事为了政治或其他影响参加董事会等
3	提名委员会中是否有独立董事
4	公司是否设立提名委员会
5	董事会独立性
6	董事缺席董事会会议
7	董事会专业委员会会议情况
8	董事工作的定位及发展的努力欠缺
9	董事是否出现合理的变更
10	董事是否参与CEO绩效评估以及继任计划的制订
11	董事是否监督公司的发展战略、风险评估与管理、内部控制
12	高管薪酬是否风险较大、数额偏高,且鼓励高管的短视行为
13	是否存在鼓励高管过度并购行为的薪酬计划
14	薪酬结构不合理
15	CEO薪酬是否明显高于同行

资料来源:笔者根据公司治理评级(Corporate Governance Ratings)整理。

1.1.8 标准普尔公司治理评分体系(CGS)

标准普尔公司(Standard & Poor's,以下简称S&P)是全球信用评级机构,旨在帮助世界范围内的个体投资者、机构投资者做出更好的投资决策。S&P从2000年开始进行公司治理评分(Corporate Governance Score,以下简称CGS)。CGS反映了公司管理层、董事会、股东和利益相关者之间协调的有效性,关注公司内部治理结构。S&P的治理服务还包括国家治理评级,针对一个国家法律制度、规则建设以及市场基础设施方面的评价,从宏观层面关注外部力量对公司治理质量的影响。本书着重介绍 CGS 中针对上市公司层面公司治理质量的评级情况。

CGS 的评分分值分布在 1~10，10 表示最好的公司治理实践。CGS 从所有权结构与外部影响，股东权利与利益相关者关系，透明度、信息披露与审计，董事会结构与有效性四个方面展开，共包括 80 个指标。表 1-8 主要介绍 CGS 中与董事会治理相关的指标情况。

表 1-8　CGS 中董事会治理相关指标

序号	指标描述
1	董事、高管的薪酬合理，能够激励其为公司的成功而努力工作
2	公司具有绩效评估体系以及针对董事、高管的继任计划
3	董事、高管的薪酬应与绩效挂钩
4	高管不应参与薪酬制定
5	薪酬结构、股票期权的使用情况
6	公司针对董事、高管薪酬的披露
7	董事会应能够公平、客观地反映所有股东的利益
8	审计、提名、薪酬委员会建设
9	董事会规模与构成
10	董事会背景构成
11	CEO 与董事会主席是否由同一人担任
12	董事选聘
13	董事持股情况
14	董事会独立性
15	董事任期
16	董事应对公司的整体绩效负责
17	董事会应在公司战略制定和实施中发挥重要作用
18	董事会应监督 CEO 绩效、财务和经营控制、风险管理系统
19	公司对董事职能的界定
20	董事会对公司信息的获取程度
21	公司使命、战略的清晰描述
22	董事会的道德界限
23	公司的内部控制状况
24	董事的自我评估与继任计划
25	董事出席会议情况
26	董事培训情况
27	董事提名的过程
28	董事变更情况

资料来源：笔者根据公司治理评级（Corporate Governance Ratings）整理。

1.1.9 里昂证券的公司治理评分（CLSA CG Score）

里昂证券（CLSA Asia – Pacific Markets）成立于1986年，总部设在中国香港，在亚洲研究公司治理问题已经有20多年的历史。里昂证券是亚洲公司治理协会（Asian Corporate Governance Association，简称ACGA）的创建者之一。里昂证券自2000年开始开展公司治理调查，2003年CLSA与ACGA共同推出公司治理观察（CG Watch），该观察提供了亚洲国家、亚洲公司的公司治理评论，并且通过CLSA公司治理评分对亚洲国家及其公司进行了公司治理评级。表1-9为CLSA公司治理评分中与董事会相关的指标。

表1-9 CLSA公司治理评分中与董事会相关的指标

序号	指标描述
1	董事、高管在过去五年里并没有为了自身利益损害股东利益
2	董事长是否由独立非执行董事担任
3	公司决策是否由一个高管组成的委员会决定，该委员会在成员构成上与董事会不同，且没有被大股东控制
4	公司是否具有审计委员会
5	审计委员会主席是否为独立董事
6	审计委员会一半以上的成员由独立董事组成
7	审计委员会成员中是否有一位具有财务背景的独立董事
8	公司是否成立了薪酬委员会
9	薪酬委员会主席是否由独立董事担任
10	公司是否成立了提名委员会
11	提名委员会主席是否由独立董事担任
12	公司聘请的外部审计师是否独立于公司
13	公司是否为审计人员支付了非审计费用，如果是，该费用是否超过审计费用的1/3
14	公司是否有独立非执行董事由小股东提名产生
15	独立非执行董事在董事会中的席位是否超过50%
16	公司三年前、一年前的独立董事比例是多少？公司是否在过去三年里提高了独立董事比例
17	董事会成员是否在董事会会议前能够获得充足的信息以有效行使职责
18	审计委员会对外部审计师的提名是否在年报中披露
19	审计委员会是否监督内部审计以及会计信息
20	董事成员交易股票的行为是否正当，并充分披露
21	董事会规模如何
22	董事选举是否采用累积投票制
23	投资者关系负责人是否向CEO或董事汇报
24	董事薪酬与公司净利润的比值如何

资料来源：笔者根据瞭望2010：亚洲公司治理（CG Watch 2010：Corporate Governance in Asia）整理。

1.1.10 中国公司治理研究院（CCGI）

南开大学公司治理研究中心在2001年推出的《中国公司治理原则》的基础上，借鉴国内外公司治理评价体系，针对我国上市公司的特定外部环境和基本情况，从股东治理、董事会治理、监事会治理、经理层治理、信息披露、利益相关者治理六个方面，设置19个二级指标，80多个三级指标，于2003年正式提出"中国上市公司治理评价指标体系"。2004年首次应用该指标体系针对中国上市公司2002年度的治理状况进行评价，此后已连续九年对中国上市公司的治理状况进行评价并发布中国上市公司治理评价报告。

中国上市公司董事会治理评价指标体系是中国上市公司治理评价指标体系的子系统，以董事诚信、勤勉义务为核心，从董事权利与义务、董事会运作效率、董事会组织结构、董事薪酬、独立董事制度五个维度，对我国上市公司董事会治理状况进行评价分析。

1.1.10.1 董事权利与义务

董事在公司的权利结构中具有特定的法律地位，同时还需承担特定的法律责任和义务。董事的来源、履职状况等会对董事权利与义务的履行状况产生重要影响，从而在一定程度上决定了董事会治理水平。对董事权利与义务状况进行的评价有助于提升董事会治理质量。

董事权利与义务主要考查董事来源、履职的诚信勤勉情况等。董事权利与义务的评价指标主要包括：董事权利与义务状态；董事损害赔偿责任制度；股东董事比例；董事年龄构成；董事专业背景；董事在外单位的任职情况等。

1.1.10.2 董事会运作效率

董事会作为公司的核心决策机构，承担着制定公司战略并对经理层实施有效监督的责任。董事会的运作效率直接决定着董事会职责的履行状况以及公司目标的实现程度。高效率的董事会运作有助于董事会更好地履行职责，制定更科学的公司发展规划，更有效率地监督管理人员，从而提升公司的持续价值创造能力。

董事会运作效率主要考查董事会运作状况，以反映董事会功能与作用的实现状态。董事会运作效率的评价指标主要包括：董事会规模；董事长与总经理的两权分离状态；董事与高管的职位重合情况；董事会成员的性别构成；董事会会议情况等。

1.1.10.3 董事会组织结构

董事会组织结构界定了董事会内部分工与协作的方式、途径等。董事会专业委员会的设立情况会影响董事会的运作。只有董事会内部权责分明、组织健全，才能保证董事会职责的履行。合理的董事会组织结构是董事会高效运转的前提。

董事会组织结构主要考查董事会专业委员会运行状况。董事会组织结构的评价指标主要包括：董事会战略委员会、审计委员会、薪酬与考核委员会、提名委员会、其他专业委员会的设置情况等。

1.1.10.4 董事薪酬

公司的董事承担着制定公司战略决策和监督管理人员的责任，并且要履行勤勉义务和诚信义务。在赋予董事责任和义务的同时，给予董事合适的薪酬至关重要。具有激励效果的薪酬组合能够促进董事提高自身的努力程度，提高董事履职的积极性，促使董事与股东利益的趋同，并最终提升公司的核心竞争力。

董事薪酬主要考查董事激励约束状况，包括短期激励和长期激励。董事薪酬的评价指标主要包括：董事在公司的领薪状况；董事的现金薪酬状况；董事持股情况；董事股权激励计划的制订及实施等。

1.1.10.5 独立董事制度

独立董事制度为上市公司的董事会引入了具有客观立场的独立董事。这些独立董事独立于上市公司，与上市公司之间没有利益关联，在一定程度上能够客观地发表见解，从而保护公司投资者的利益。在中国"一股独大"的股权结构下，需要建立独立董事制度来保证董事会的独立性以及决策的科学性。

独立董事制度主要考查公司董事会的独立性及独立董事的职能发挥状况。独立董事制度的评价指标主要包括：独立董事比例；独立董事的专业背景；独立董事在外单位的任职状况；独立董事参会情况；独立董事津贴等。

表1-10为南开大学公司治理研究中心CCGI中董事会治理评价指标体系。

表1-10 中国上市公司董事会治理评价指标体系

主因素层	子因素层	指标说明
董事权利与义务	董事权利与义务状态	评价董事权利与义务的清晰界定程度
	董事损害赔偿责任制度	考核董事的责任履行
	股东董事比例	考核具有股东背景的董事比例
	董事年龄构成	考核董事年龄情况，尤其是大龄董事
	董事专业背景	考核董事的专业背景
	董事在外单位的任职情况	考核董事义务履行的时间保障
董事会运作效率	董事会规模	考核董事会人数情况
	董事长与总经理的两权分离状态	考核董事长与总经理的兼任情况
	董事与高管的职位重合情况	考核董事与高管的兼任情况
	董事会成员的性别构成	考核董事会中女性董事的比例情况
	董事会会议情况	考核董事会会议及工作效率

续表

主因素层	子因素层	指标说明
董事会组织结构	战略委员会的设置	考核战略委员会的设置
	审计委员会的设置	考核审计委员会的设置
	薪酬与考核委员会的设置	评价薪酬与考核委员会的设置
	提名委员会的设置	考核提名委员会的设置
	其他专业委员会的设置	考核其他专业委员会的设置
董事薪酬	董事薪酬水平	衡量董事报酬水平以及报酬结构的激励约束状况
	董事薪酬形式	
	董事绩效评价标准的建立情况	衡量董事的绩效标准设立
独立董事制度	独立董事专业背景	考核独立董事的专业背景
	独立董事兼任情况	考核独立董事在外单位的任职情况
	独立董事比例	考核董事会独立性
	独立董事激励	考核独立董事激励约束状况
	独立董事履职情况	考核独立董事参加会议情况

资料来源：2012 年度中国公司治理评价报告。

1.1.11 中国社会科学院公司治理研究中心、甫瀚咨询

自 2005 年，中国社会科学院世界经济与政治所公司治理研究中心与甫瀚咨询共同发布中国上市公司 100 强公司治理评价报告。评价对象为中国上市公司市值前 100 强。该评价指标体系借鉴 2004 年 OECD《公司治理原则》，依据中国《公司法》、《证券法》以及相关的公司治理法律法规，从股东权利、平等对待股东、利益相关者的作用、信息披露和透明度、董事会职责、监事会职责六个板块对中国上市公司的治理水平进行评价。2012 年度评价报告中所使用的指标为 80 个，每个板块根据其发挥的不同作用赋予了相应的权重。表 1-11 为中国社会科学院公司治理研究中心与甫瀚咨询所开发治理指标体系中的董事会职责部分。

1.1.12 机构评级简要评述

董事会治理的机构评级体现了各评价体系之间的差异性，不仅体现在指标数量上，还体现在指标设计及评分规则上。因为不同的评价体系依据不同的治理准则和治理环境。很多评价指标体系依据国际公认的公司治理准则或原则，比如经济合作与发展组织（OECD）、国际公司治理网络（ICGN）、世界银行（World Bank）。而依据各国公司治理原则所构建的治理评价体系则在国别间具有很大的差异性。比如，德国由于双层董事会模式的存在，德国的公司治理记分卡分别强调了监督董事会、管理董事会的评价。

表1-11 董事会职责评价指标

EⅠ股份投票权	E1	董事会议事规则	
	E2	公司内控制度与风险管理	i 公司是否建立了完善的内部控制制度,包括一个有效的内审计体系
			ii 公司是否建立了自己的风险管理部门、风险评估及管理体系
	E3	公司行为准则	i 公司是否具有自己书面的公司治理原则,可以清楚表明它的价值体系和董事会职责
			ii 董事会是否给所有董事和员工提供了公司道德准则或者经营行为规范以保证他们清楚理解
			iii 公司是否设有反舞弊程序和举报系统
	E4	公司是否建立正式的、统一的IT系统政策和IT安全政策	—
	E5	每年举行多少次董事会会议	—
	E6	独立董事是否有尽职报告	—
	E7	董事会会议出席率	—
	E8	独立董事的董事会现场会议出场率	—
EⅡ利益冲突	E9	i 董事会主席是外部董事吗	—
		ii 董事会主席是总经理/CEO吗	—
	E10	公司是否有股权激励措施以激励高层管理者	—
	E11	董事报酬披露	—
EⅢ董事会构成	E12	董事会规模	
	E13	董事会是否任命执行如下关键职责的由独立董事组成的独立委员会	i 审计委员会
			ii 薪酬委员会
			iii 董事提名委员会
	E14	专业委员会的年度开会次数是否可知	—
	E15	董事会专业委员会报告	—
	E16	多少董事会成员是非执行董事	—
	E17	在董事会成员中,多少是独立董事	—
EⅣ董事培训	E18	公司是否给董事(包括执行和非执行董事)提供培训	

资料来源:2012年中国上市公司100强公司治理评价报告。

但是，董事会治理的机构评级也体现出一些共性。比如，几乎所有董事会治理机构评级都采用了权重评级，根据治理各要素重要程度的不同赋予不同的权重，从而计算出公司治理评价分值。机构进行的董事会治理评级所需的数据信息主要来自于上市公司公开披露的信息，也有通过与公司关键员工的访谈而获得的信息。比如，穆迪的公司治理评估（Corporate Governance Assessment，CGA）的数据既来源于公司的公开信息，还涉及与公司高管、外部董事的沟通讨论。

在董事会治理机构评级的指标方面，几乎所有的评价体系都会关注董事会独立性。独立董事发挥的重要作用得到了公众认可，尤其在公司可能发生潜在利益冲突的领域，比如财务控制、提名以及薪酬方面，独立董事的作用更加重要。因此，对董事选举和聘任通常会包括在评级体系中。几乎所有评价体系都会提到董事会专业委员会。董事会专业委员会的建立会增加董事会运作的有效性。董事和高管的薪酬也是各评价体系关注的项目，包括股票期权计划和高层持股。董事培训受到了较高的关注，因为人们对董事专业化能力以及对复杂问题的处理能力提出了更高的要求。各评价体系还较为关注董事、高管在外单位任职情况，认为董事、高管在外单位任职过多会影响其工作的投入程度。

各评价体系关注程度居中的指标有董事会规模、董事会领导权结构。对董事会规模上限的控制在各评价体系中得到提倡。董事会应该保持较小规模，从而保证有效性、一致性，以及董事会成员讨论的高参与度。另外，CEO和董事长由不同的人担任这一原则得到了广泛赞同。一些评价指标体系还包括了对CEO继任计划的评价。董事会角色以及分工受到各评价体系的关注程度较少。一些评价体系包含董事会会议次数。一般来说，有效的董事会开会次数下限不能过低。另外，董事会会议议程以及外部董事能够单独召开没有内部董事参与的会议也是很多评价指标体系关注的内容。

各评价体系低度关注的指标包括董事获取信息的程度、董事年龄限制、董事会成员的性别构成、董事教育水平、董事会审查、董事会相关制度建设等。

1.2　董事会治理指数：学者评级

公司治理指数能够从综合角度提供关于公司治理整体水平的信息，是监管部门、上市公司、投资者以及研究者们判断公司治理质量的良好工具。本节对使用董事会治理指数开展研究的文献进行简要评述，旨在清晰地展示现有研究中董事会治理指数的构建方法和指标构成，为本书董事会治理指标体系的构建提供理论和实证基础。

本书对董事会治理指数相关文献的回归，既包括专门应用董事会治理评价指数进行的研究，也包括利用公司治理评价指数（但董事会治理评价必须是其子系统之一）进行的研究。其中，后者所占的文献比例相对较大。

下面从中国学者和国外学者针对董事会治理进行的评价研究两个方面，对董事会治理评价指数的构建情况做简要回顾。

1.2.1 国内学者董事会治理评价应用研究

从中国学者对董事会治理进行的评价研究角度，李维安、孙文（2007）使用中国董事会治理评价指标体系（$CCGI_{BOD}$），从董事权利与义务、董事会组织结构、董事会运作效率、董事薪酬、独立董事制度五个方面，采用专家意见法和标志变异系数法对各维度一、二、三级指标进行权重赋予，综合评价了中国上市公司董事会的治理质量，并对董事会治理与公司绩效之间的关系进行了实证研究。鲁桐、孔杰（2004）从监控、利益冲突、董事会构成、沟通四个方面衡量董事会的责任，对2004年中国上市公司100强的董事会治理状况进行了评价。

谢永珍（2006）立足于系统思维，在对高效率董事会治理要素进行分析的基础上，从董事选聘、教育与激励、董事会规模与结构、董事会独立性、董事会运作四个角度，建立专家质量模型，构建了董事会治理评价指标体系。何红渠、廖斌（2007）以中国公司治理相关法律、法规为依托，结合我国特殊的治理环境及公司特质，从所有权结构、股东权利、董事会结构与运作、监事会结构与运作、公司透明度、关键人的激励与约束、治理与管理的匹配性、社会责任八个要素，采用要素分值加权求和计算模型，构建中国上市公司治理指数；在董事会结构与运作要素层，细分董事会结构、董事会独立性、董事会运作、专业委员会的专任能力四个类别共23个指标。李斌、张耀南（2004）从独立董事相关制度的完善性、独立董事的个人情况、组织结构、选聘程序、职权行使、激励机制、约束机制七个角度构建一级指标，并采用18个指标作为二级指标，利用层次分析法确定指标权重，使用模糊综合评价方法确定评价等级，构建了上市公司独立董事评价指标体系。谢永珍（2006）、何红渠和廖斌（2007）建立的指标体系分别详见表1-12和表1-13。

表1-12 董事会治理评价指标体系

	董事选聘	累积投票制
董事选聘、教育与激励	董事激励	董事持股
		独立董事津贴
	董事培训比例	

续表

董事会规模与结构	董事素质	董事会规模
		董事会成员知识素质
		独立董事身份
董事会独立性		董事会专业委员会设置
	董事提名	董事长提名
		执行董事提名
		独立董事提名
	独立董事比例	
		总经理与董事长两职设置
董事会运作	决策权授予	股东大会对董事会的投资决策授权
		董事会对董事长的投资决策授权
	董事会会议	董事会会议年召开次数
		出席董事会会议董事比例
		董事会会议记录
	独立董事职责履行	独立董事工作时间
		独立董事作用

资料来源：谢永珍．董事会治理评价研究．高等教育出版社，2006．

表1-13　何红渠、廖斌（2007）公司治理指数设计中的董事会治理评价体系

董事会结构	董事会的规模是否适中，从而能高效运作
	股东（代表）董事在董事会中所占比例是否未超过其持股比例
	董事会是否下设各专业委员会或进行职能分工
	审计委员会中是否至少有1名会计专业人士？其他专业委员会是否配备相应的专业人士
董事会的独立性	独立董事资格是否符合独立性要求
	独立董事是否占董事会的50%以上
	独立董事是否由中小股东提名
	董事长与总经理是否非一人兼任？在董事长与总经理兼任的情况下，外部董事是否占多数
	独立董事在董事会下设的审计委员会是否占多数？该委员会主席是不是真正独立的董事
	独立董事在董事会下设的报酬委员会是否占多数？该委员会主席是不是真正独立的董事
	独立董事在董事会下设的提名委员会是否占多数？该委员会主席是不是真正独立的董事
董事会运作	公司是否制定了公司治理准则
	近3年内公司是否未发生过董事因未勤勉履行其义务而被处罚的事件
	近3年内独立董事是否发表过不同意见
	独立董事是否提议过召开董事会或临时股东大会
	董事会的参会率是否达到95%

第1章 中国上市公司董事会治理评价研究

续表

董事会运作	是否至少每季度召开董事会议
	董事会的决议事项关注重点是否是公司的经营战略和财务安排,同时兼顾公司制度建设
	董事会会议召开前,是否以清晰的方式向董事提供必要信息
	董事会是否更多地扮演监督者而不是管理者的角色
专业委员会专任能力	专业委员会成员是否十分理解公司情况和工作要求
	专业委员会是否按照工作职责要求进行专业性工作
	专业委员会对董事会的决策支持意见是否有效且被广泛采纳

资料来源:笔者根据何红渠、廖斌(2007)董事会治理评价体系整理。

除了上述使用的权重赋予方法之外,主成分分析法也是较为流行的一种权重赋予方法。黄波、陈正旭(2010)采用主成分分析法将如下董事会结构指标合成,形成董事会结构变量,探讨了董事会结构的影响因素:董事会规模、董事平均年龄、女性董事比例、独立董事比例、独立董事与上市公司工作地点一致性、独立董事发表意见次数、董事会专门委员会设立个数、董事会会议、独立董事委托出席或缺席会议比例、董事会会议次数、董事长总经理是否兼任、董事长离任次数、董事会激励、前三名董事薪酬总额、前三名董事薪酬比例、未领取薪酬董事人数。另外,王福胜、刘仕煜(2010)从公司治理的价值效应出发,利用Ohlson会计评价模型以及包含公司治理整体水平信息的线性动态过程,在公司治理评价指标体系构建和指数模型自洽性的证明方面提出了新的方法。

1.2.2 国外学者董事会治理评价应用研究

从国外学者针对董事会治理的评价研究来说,大多数学者利用国外著名评级机构、大型公司、交易所等的公司治理评价体系,比如,里昂证券、标准普尔、戴米诺、ISS、韩国证券交易所调查问卷、GMI等。还有一些学者自己选择指标,建立董事会治理指数开展研究。从评价指标体系的权重赋予方面,国外学者普遍倾向于采用等权重的方法构建董事会治理指数,在本书综述的董事会治理评价研究的外文文献中,仅有两篇采用主成分分析法实现不等权重的指数构建。

在学者自建公司治理指数(董事会治理指数)的研究方面,拉克尔(Larcker)、里查德森(Richardson)和特那(Tuna)(2007)从董事会特征、高管和董事所有权、机构所有权、积极主义型机构所有权(Activist Stock Ownership)、债权和优先股、高管薪酬、反接管措施七个方面共39个指标着手,利用探索性主成分分析法(Exploratory Principal Component Analysis)构造公司治理指数,其中董事会部分的指标包括:审计委员会、薪酬委员会的会议次数;董事会会议次数;薪酬委员会规模;审计委员会规模;董事会规模;内部董事比例;薪酬委员会中的关联董事比例;审计委员会中的关联董事比例;薪酬委员会和审计委员会主席之间是否具有关联;外部董事和关联董事在外兼任的董事职位数量大于或等于4个;内部董事在外兼任的董事职位数量大于或等于2个;外部董事、关联董事、内部董事年龄超过70岁的比例;公司具有领导董事;公司董事长由内部人兼任;由现任公司内部人员任命的关联董事和外部董事比例。

伯川德(Bertrand)和谬兰那赞穆米纳森(Mullainathan)(2001)将大股东数量、大股东在董事会中的席位、董事会规模、管理层担任董事的比例四个指标(其中董事会规模、管理层担任董事的比例采取负指标)标准化,采用单位权加总后合成公司治理指数,衡量公司治理质量差异。拉热(García Lara)、欧赛玛(García Osma)和普那瓦(Penalva)(2009)将如下公司治理变量标准化后采用单位权加总,合成公司治理指数:歌姆普斯(Gompers)等(2003)的反接管措施指数衡量外部监督水平,CEO与董事长是否两职分离衡量CEO的参与度,高管董事比例衡量CEO对公司治理的影响,董事会会议次数衡量董事会有效性。伯川德和谬兰那赞穆米纳森(2001),拉热、欧赛玛和普那瓦(2009)衡量公司治理变量的指标数量较少,相应的所包含的董事会治理指标也较少,但总体而言,董事会治理指标是这两篇文章中的重要组成部分。对于伯川德和谬兰那赞穆米那森(2001),拉热、欧赛玛和普那瓦(2009)构建指数所采用的权重赋予方法,格瑞斯(Grice)和哈瑞斯(Harris)(1998)的文章指出,采用单位权构造的指数比加权方法具有更好的心理测量特性,其指数编制结果具有可信度。

在利用已有评价体系衡量董事会治理质量的研究方面,对ISS评价指标体系的利用度最高。布朗(Brown)和卡勒(Caylor)(2005、2009)以ISS的治理评价指标为基准,修改了ISS的赋分标准,即当公司达到了某项指标的最低治理标准时赋值为1,否为0,选择ISS指标体系中(一共有61个指标)的51个指标,进行加总后获得公司治理指数。详见表1-14。

表1-14 Brown和Caylor(2009)构造的公司治理指数中与董事会相关的部分

外部董事召开了没有CEO参与的会议,并披露了会议次数	CEO和董事长实现了两权分离或者公司具有一个领导董事
公司公布了董事会批准的CEO继任计划	当改变董事会规模时需要股东的批准
公司公布了董事会准则或议事规则	公司每年都进行董事会成员的选举
定期评估董事会业绩	股东就董事空缺职位进行了投票
提名委员会全部由外部独立董事组成	治理委员会年度内至少召开了一次会议

续表

薪酬委员会全部由外部独立董事组成	CEO 并未与关联交易有关
公司的独立董事比例超过 50%	公司的前任 CEO 没有在董事会中任职
外部董事兼任的公司董事职务的数量没有超过 5 个	董事会至少有一位成员参加了 ISS 认可的董事教育项目
CEO 兼任其他上市公司的董事职位不超过两个	持有公司股份的董事在公司的任职时间超过一年
董事在工作状态变化时需要提交辞职书	公司规定了董事需强制退休的年龄
董事会聘请了外部顾问	董事会规模至少为 6 人,但不超过 15 人
股东在选举董事时具有累积投票权	薪酬委员会不存在董事的交叉任职情况
所有董事参加了至少 75% 的董事会会议或未参加会议的董事具有正当理由	

资料来源:笔者根据 Brown, L., Caylor, M. Corporete governance and firm operating performanle、Review of Quantitative Finane & Accaunting, 2009, 32, 129—144.

安格沃(Aggarwal)和威廉姆斯(Williamson)(2006)应用 ISS 公司治理评级中的 64 个指标,从董事会构成与结构、章程与规则、薪酬、合并状态(State of Incorporation)、所有权、审计、董事进步实践(Progressive Practices)、董事教育八个方面衡量公司治理质量;ISS 为上述 64 个指标制定了公司必须达到的最低标准,安格沃和威廉姆斯(2006)利用这些最低标准针对指标进行打分,即当公司达到治理的最低标准时,赋值为 1,否为 0;然后采用简单加总的方式构造公司治理指数,公司最终的公司治理得分为公司达到治理最低标准的指标数与 64 的比值。

安格沃(Aggarmal),埃热(Erel)和史图斯(Stulz)(2009)从 ISS2005 年发布的针对外国公司治理评价的 55 个指标中剔除了 11 个指标,选择了 44 个美国公司和外国公司同时涵盖的指标,探讨了美国公司和外国公司治理实践及公司价值方面的差异;这 44 个指标涵盖董事、审计、反接管措施、薪酬与所有权四个方面,当公司满足每项指标的门槛值时,取值为 1,否为 0;某家公司的最终公司治理得分为该公司能够获取数据的取值为 1 的变量数目总和与该公司能够获取数据的变量数目总和之比,也即当某家公司的某项指标没有办法获得数据时,该指标从该公司的评价中剔除,公司治理指数以每家公司能够获取数据的指标为准进行计算。

布鲁诺(Bruno)和克莱森(Claessens)(2010)利用 ISS 的评价指标体系,从董事专业委员会、董事壕沟防守、董事独立性、专业委员会独立性、CEO 权利、董事透明度六个角度衡量公司治理水平,具体包括的指标如下:董事会是否建立提名、薪酬、审计和公司治理专业委员会;公司是否采用"毒丸计划";独立董事是否占公司的 50% 以上;提名委员会、薪酬委员会、审计委员会的严格独立性;CEO 与董事长由不同人兼任、审计师聘用在最近一次年度会议中被批准；CEO并未涉足关联交易等；布鲁诺和克莱森（2010）针对上述每一项虚拟变量打分并加总，计算上述六个维度的公司治理得分。

德奈（Durnev）和科姆（Kim）（2005）采用27个国家的公司数据，利用里昂证券和标准普尔的公司治理评价系统，探讨了公司治理与股票市场表现之间的关系，董事会治理质量是上述两个评价系统中的分指数；笔者在正文分析中使用CLSA体系，在稳健性检验中使用S&P评价；文章利用CLSA对公司财务分析师发放的调查问卷，每项指标为虚拟变量，共57个与公司治理相关的问题；对于S&P评级，文章同样利用91个指标（虚拟变量），赋予等权重加总后获得公司治理指数。

拍特尔（Patel）和德拉斯（Dallas）（2002），程（Cheng）、科林斯（Collins）和黄（Huang）（2003）应用S&P的透明度与披露指数（Transparency & Disclosure，简称T&D）分别检验了公司治理指数与资本成本、系统风险、股票回报以及盈余反应系数之间的关系；S&P的透明度与披露指数所采用的指标也为虚拟变量，从所有权结构与投资者权利、财务透明度与信息披露、董事和高管结构与运作三个方面构造公司治理指数；就董事和高管结构与运作方面，权重采用该公司回答的指标数量来确定，上述权重赋予实际上考虑了对于一些公司来说某些评价指标无法获取数据的情况，其实质依然是等权重法。

巴沃尔（Bauer）、甘斯特（Gunster）和澳特恩（Otten）（2004）应用戴米诺公司治理评级针对富时Eurotop 300指数中的成分股公司的治理数据（包括股东权利与义务、接管措施范围、公司治理披露、董事会结构与功能四个方面），区分良好公司治理投资组合（前20%高治理质量公司）和低劣公司治理投资组合（后20%低治理质量公司），探讨了公司治理与企业价值之间的关系。

布莱克（Black）、占格（Jang）和科姆（Kim）（2006）利用韩国证券交易所针对所有韩国上市公司2001年度发放的调查问卷，并从调查问卷中抽取的123个变量的基础上，删除主观变量（比如，管理层对某项问题的看法及未来的打算）、没有办法明确判断该变量与公司治理好坏之间关系的变量、与公司治理相关性不强的变量、公司之间差别性不大的变量、与其他变量重复度过高的变量、公司回答率过低的变量，最后共获得38个治理变量，涉及股东权利、董事会结构、董事会运作、信息披露四个角度；布莱克、占格和科姆（2006）为了反映大股东的私利攫取，又设置了同等所有权维度；由于缺乏对各项指标赋予权重的理论基础，因此文章对维度和指标项采用了等权重的方法构建韩国公司治理指数（KCGI），即五个维度的权重相同，在每个维度下面，将每家公司能够获得数据的治理得分进行简单加总，除以每家公司能够获得数据的治理指标数量，再乘以20；通过这样的计算，每个维度的取值范围在0~20之间，韩国公司治理指数（KCGI）的取值范围在0~100之间，公司治理质量越好的公司，治理得分越高。

表1-15详细介绍了布莱克、占格和科姆（2006）所构建的韩国公司治理指数（KCGI）中的董事会结构和董事会运作部分。

表1-15 公司治理指数（KCGI）中董事会结构、董事会运作两个维度的指标设计

董事会结构	B.1	公司外部董事比例至少达到50%
	B.2	公司外部董事比例超过50%
	B.3	提名委员会中有外部董事成员
	B.4	公司成立了审计委员会
董事会运作	C.1	董事参加了至少75%的董事会会议（董事参会平均水平）
	C.2	董事对董事会会议中议案的看法和态度记录在案
	C.3	CEO和董事长由不同的人担任
	C.4	公司具有董事评估系统
	C.5	公司具有董事会会议准则
	C.6	公司年度内至少召开了四次董事会会议
	C.7	公司至少具有一位外籍外部董事
	C.8	外部董事并不从公司领取退休金
	C.9	外部董事能够聘用外部专家进行咨询，费用由公司承担
	C.10	公司具有或者正在计划建立对外部董事进行评估的系统
	C.11	股东批准外部董事的综合薪酬（与股东对所有董事综合薪酬的批准是分开的）
	C.12	从平均水平来说，外部董事至少参加了75%的会议
	C.13	公司具有外部董事行为准则
	C.14	公司任命了一位联系人以支持外部董事在公司工作的开展
	C.15	外部董事年度内召开了仅有外部董事参加的会议
	C.16	公司没有为外部董事提供资金以资助其购买公司未认购股份
	D.2	公司具有审计委员会或者内部审计人员制度
	D.4	审计委员会或内审计人员在年度股东大会上提议聘请外部审计
	D.5	审计委员会或内审计人员支持内部审计负责人的聘任
	D.7	年度股东大会出具了关于审计委员会行为的报告
	D.9	审计委员会或内部审计人员与外部审计人员开会评估公司财务报表
如下指标仅适用于成立审计委员会的公司		
	D.1	外部董事在审计委员会中所占的比例多于2/3
	D.3	审计委员会中包括一些委员具有会计专业背景
	D.6	公司对审计委员会会议记录在案
	D.8	审计委员参加了至少75%的会议
	D.10	审计委员会年度内至少召开了两次会议

资料来源：笔者根据Black，Jang and Kim（2006）整理。

安姆曼（Ammann）、欧斯彻（Oesch）和斯彻米德（Schmid）（2011）使用GMI提供的64个公司治理指标，范围涉及董事会责任、财务披露和内部控制、股东权利、薪酬、控制权市场、公司行为六个方面，采用虚拟变量等权加总、主成分分析法合成了三个公司治理变量：沿用安格沃和威廉姆森（2009）的方法，第一个公司治理变量基于每家公司在64个指标方面的信息采集程度，当公司达到一项指标时赋值为1，否则为0，如果无法找到某项指标的数据，对于该家公司而言，这项指标就从指标体系中删除，加总得分为1的指标项，并用该公司能够获取数据的总指标项作为分母平减，最后得到第一个公司治理变量CGI1；第二个公司治理变量与第一个基本相同，仅在无法获取数据的指标处理方式上有所差异；在该方法下，笔者对那些没有办法获取信息的指标全部赋值为0，而不是像第一种方法那样将该指标从指标体系中去除；第三个公司治理变量，笔者沿用拉克尔、里查德孙和特那（2007）的方法，采用主成分分析法将64个指标指标合成一个公司治理指数。表1-16列出了安姆曼、欧斯彻和斯彻米德（2011）使用的董事会责任指标。

表1-16 安姆曼、欧斯彻和斯彻米德（2011）设计的董事会责任指标

董事会责任	
董事会每年由股东投票进行选举	公司具有领导董事或者高级非执行董事
非执行董事一年召开一次没有执行董事参加的正式会议	公司制定了针对高级管理人员的道德规范
董事会业绩被定期评估	公司治理或提名委员会由独立董事构成
公司过去三年没有发生过关联交易	公司的前任CEO没有在董事会中任职
公司制定了公司治理准则	独立外部董事比例超过50%
董事会或一个专业委员会对CEO继任计划负责	公司治理或提名委员会具有书面的章程或者职权范围
公司履行了股东议案中提到的决策	董事会规模超过5人，但低于16人
所有的执行董事在拥有公司期权之外，还持有公司股票	董事和高管持有的公司股票没有减少10%或者更多
所有的非执行董事在拥有公司期权之外，还持有公司股票	董事和高管持有的公司股票增加了10%以上（含10%）
公司的董事长和总经理由不同人担任	董事会成员参加了至少75%的董事会会议

资料来源：笔者根据Ammann M., Oesch D, Schmid M. 2011. Corporate governance and firm value: International evidence. Journal of Empirical Finance, 18（1），36-55的文章整理。

1.2.3 学者评级简要评述

国内外学者应用董事会治理评价指数开展了大量研究，为我们深刻理解董事会治理指数的构建现状以及相关研究提供了有益的借鉴。总体而言，中外学者对于董事会治理指数的应用研究呈现出如下特点：第一，在董事会治理指数的指标体系采用方面，多数研究采用已有的成熟评价体系，直接采用或对指标赋值进行修改后使用；第二，在董事会治理指数所涵盖的指标方面，对董事会结构、董事会独立性、专业委员会等方面的关注较多，而对董事选聘、董事培训、董事薪酬、董事会运作方面关注较少；第三，在董事会治理指数所使用的权重赋予方法方面，国内学者倾向于针对各维度，利用不同方法，比如德尔菲法、层次分析法、主成分分析法、标志变异系数法等针对各个指标、各个维度赋予不等权重，然后加权计算董事会治理指数。而国外学者在董事会治理指数的权重方面，则很少看重权重赋予的客观理由，认为很难正确地对各指标进行差异化的权重赋予，更倾向于采用等权重的方法，对指标体系中的各虚拟变量进行简单加总，而后合成董事会治理指数。详见表1-17。

表1-17 国内外学者应用董事会治理评价系统开展的研究

作者	评价体系	指标体系的维度	指标权重赋予	治理指数合成方法
李维安、孙文（2007）	中国上市公司治理指数CCGI	董事权利与义务、董事会组织结构、董事会运作效率、董事薪酬、独立董事制度	不等权重：一级指标、二级指标主观赋值（德尔菲法、层次分析法）、三级指标客观赋值（标志变异系数法）	在评价指标和评价重要性系数的基础上，以百分制形式反映董事会治理指数
鲁桐、孔杰（2004）	中国上市公司100强公司治理评价	监控、利益冲突、董事会构成、沟通	不等权重	指标体系参照泰国企业董事联合会、麦肯锡（泰国）公司
谢永珍（2006）	学者自建	董事选聘，教育与激励，董事会规模与结构，董事会独立性，董事会运作	不等权重：层次分析法、标志变异系数法	五个维度董事得分的加权总和
李斌、张耀南（2004）	学者自建	独立董事相关制度的完善性、独立董事的个人情况、组织结构、选聘程序、职权行使、激励机制、约束机制（独立董事指数）	不等权重：层次分析法	模糊综合评价法确定评价等级

续表

作者	评价体系	指标体系的维度	指标权重赋予	治理指数合成方法
黄波、陈正旭（2010）	学者自建	未划分维度	不等权重：主成分分析法	主成分分析法
何红渠、廖斌（2007）	学者自建	董事会结构、董事会独立性、董事会运作、专业委员会的专任能力	不等权重：要素分值加权求和计算模型	要素分值加权求和计算模型
Larcker、Richardson 和 Tuna（2007）	学者自建	未划分维度	不等权重：探索性主成分分析法	探索性主成分分析法
Bertrand 和 Mullainathan（2001）	学者自建	未划分维度	等权：标准化指标、单位权加总	简单加总
García Lara、García Osma 和 Penalva（2009）	学者自建	未划分维度	等权：标准化指标、单位权加总	简单加总
Brown 和 Caylor（2005、2009）	ISS	未划分维度	等权	指标的最低治理标准；虚拟变量加总
Aggarwal 和 Williamson（2006）	ISS	董事会构成与结构、董事进步实践（Progressive Practices）、董事教育	等权	指标的最低治理标准；虚拟变量加总
Aggarwal、Erel、Stulz 和 Williamson（2009）	ISS	未划分维度	等权	每项指标最低标准；虚拟变量加总；若无法获取数据时剔除指标
Bruno 和 Claessens（2010）	ISS	董事专业委员会、董事壕沟防守、董事独立性、专业委员会独立性、CEO 权利、董事透明度	等权	针对每一项指标（虚拟变量）打分并加总
Durnev 和 Kim（2005）	CLSA、S&P	未划分	等权	针对每一项指标（虚拟变量）打分并加总

续表

作者	评价体系	指标体系的维度	指标权重赋予	治理指数合成方法
Patel 和 Dallas (2002)	S&P	董事会结构与构成、董事会角色、董事培训与薪酬、高管薪酬与业绩评估	等权	针对每一项指标（虚拟变量）打分并加总
Bauer、Gunster 和 Otten (2004)	戴米诺 (Deminor)	文章未说明	文章未说明	文章未说明
Black、Jang 和 Kim (2006)	韩国证券交易所的调查问卷；KCGI	董事会结构、董事会运作	等权	针对每一项指标（虚拟变量）打分并加总
Ammann、Oesch 和 Schmid (2011)	GMI	未划分	等权和不等权相结合	虚拟变量等权加总、主成分分析法

资料来源：笔者整理。

1.3 中国上市公司董事会治理评价指标构建

本书在系统回顾董事会治理评价相关研究的基础上，依据中国上市公司治理的特定法律法规，从董事会构成、董事会专业委员会、董事薪酬、董事会运作四个方面，共涉及 42 项董事会治理指标，采用等权方法构建董事会治理指数（BG）。本书为每一项董事会治理指标设定了门槛条件，当上市公司的董事会满足该门槛条件时，得一分，否则不得分。上述 42 项指标全部为正指标，即当公司满足门槛条件时，预示了该公司的董事会治理质量较好。我们依据评价指标体系对每家公司进行打分，公司满足一项加一分，得分越高，表明董事会治理质量越好。公司最终的董事会治理得分为该公司满足门槛条件的评价指标数目与 42 的比值，BG 取值范围为 [0，1]。当公司并未披露某项董事会治理指标，导致无法获取该公司该项指标的具体数值时，本书判定该公司未达到最低要求，赋分为 0。指标体系详见表 1-18。

表1-18 董事会治理评价指标体系

一级指标	二级指标	三级指标	指标构建依据
董事会构成	董事会规模	董事会规模至少为6人,但不超过19人	《公司法》、《关于在上市公司建立独立董事制度的指导意见》
	董事会代表性	在股东单位任职的董事比例未超过股东单位的持股比例	《公司法》、权利与义务对等原则
		在公司还兼任其他高管职务的董事比例未超过1/2	《上市公司章程指引》
		公司至少有一位职工董事	《公司法》
		独立董事比例至少达到董事会规模的1/3	《关于在上市公司建立独立董事制度的指导意见》
	董事会领导权结构	董事长与总经理由不同人担任	Rhoades, Rechner and Sundaramurthy (2001), Dunn (2004), Jensen (1993)
	外单位任职董事	董事长在上市公司之外最多兼任一家公司的董事长,最多兼任三家公司的非执行董事	ISS
		执行董事最多担任两家公司的非执行董事	ISS
		独立董事并未在超过5家上市公司兼任独立董事	《关于在上市公司建立独立董事制度的指导意见》
董事会专业委员会	专业委员会建立	公司设立了战略委员会	《上市公司治理准则》
		公司设立了薪酬与考核委员会	《上市公司治理准则》
		公司设立了审计委员会	《上市公司治理准则》
		公司设立了提名委员会	《上市公司治理准则》
		除上述委员会之外,公司还设立了其他委员会	《上市公司治理准则》
	专业委员会的独立性	薪酬与考核委员会中独立董事比例超过50%	《关于在上市公司建立独立董事制度的指导意见》、《上市公司治理准则》
		审计委员会中独立董事比例超过50%	《关于在上市公司建立独立董事制度的指导意见》、《上市公司治理准则》
		提名委员会中独立董事比例超过50%	《关于在上市公司建立独立董事制度的指导意见》、《上市公司治理准则》

续表

一级指标	二级指标	三级指标	指标构建依据
董事会专业委员会	专业委员会的独立性	薪酬与考核委员会由独立董事担任委员会主席或召集人	《上市公司治理准则》
		审计委员会由独立董事担任委员会主席或召集人	《上市公司治理准则》
		提名委员会由独立董事担任委员会主席或召集人	《上市公司治理准则》
	专业委员会成员背景	审计委员会中至少有一名独立董事是会计专业人士	《上市公司治理准则》
	专业委员会会议	战略委员会年度期间召开了会议	《上市公司治理准则》，Xie, Davidson Iii and DaDalt（2003），Sun, Cahan and Emanuel（2009）
		薪酬与考核委员会年度期间召开了会议	《上市公司治理准则》，Xie, Davidson Iii and DaDalt（2003），Sun, Cahan and Emanuel（2009）
		审计委员会年度期间召开了会议	《上市公司治理准则》，Xie, Davidson Iii and DaDalt（2003），Sun, Cahan and Emanuel（2009）
		提名委员会年度期间召开了会议	《上市公司治理准则》，Xie, Davidson Iii and DaDalt（2003），Sun, Cahan and Emanuel（2009）
	专业委员会履职情况汇报	公司披露了战略委员会的履职情况汇报	《公开发行证券的公司信息披露内容与格式准则第2号——年度报告的内容与格式（2012年修订）》
		公司披露了薪酬与考核委员会的履职情况汇报	《公开发行证券的公司信息披露内容与格式准则第2号——年度报告的内容与格式（2012年修订）》
		公司披露了审计委员会的履职情况汇报	《公开发行证券的公司信息披露内容与格式准则第2号——年度报告的内容与格式（2012年修订）》
		公司披露了提名委员会的履职情况汇报	《公开发行证券的公司信息披露内容与格式准则第2号——年度报告的内容与格式（2012年修订）》
董事薪酬	董事短期激励	公司公布了每位董事现金薪酬的具体数额（包括董事从股东单位领取的薪酬）	《公司法》
		公司为董事制定了绩效薪金	期望理论、《中央企业负责人经营业绩考核暂行办法》
	董事长期激励	公司针对执行董事的薪酬采取了延期支付计划	团队生产理论
		董事会持有公司股份	团队生产理论
		公司制定了股权激励计划（激励对象包含董事）	团队生产理论、《上市公司股权激励管理办法（试行）》

续表

一级指标	二级指标	三级指标	指标构建依据
董事薪酬	董事股份变动合规性	董事年度内所持公司股份变动符合相关要求	《上市公司董事、监事和高级管理人员所持本公司股份及其变动管理规则》
董事会运作	董事会议事规则	公司建立了董事会议事规则	《上市公司治理准则》、《上市公司章程指引》、《公开发行证券的公司信息披露内容与格式准则第2号——年度报告的内容与格式（2012年修订）》
董事会运作	董事会会议	董事年度内未亲自出席的董事会会议次数低于当年董事会会议次数的1/3	《上市公司治理准则》、《上海证券交易所上市公司董事选任与行为指引》
董事会运作	董事会会议	董事年度内未连续两次缺席董事会会议（董事连续两次缺席董事会会议时也未委托其他董事出席会议）	《上市公司治理准则》、《上市公司章程指引》
董事会运作	董事会会议	独立董事年度内未出现连续三次都没有亲自出席董事会会议的情况	《上市公司治理准则》、《关于在上市公司建立独立董事制度的指导意见》
董事会运作	董事会会议	公司的独立董事在年度内发表了反对意见	《关于在上市公司建立独立董事制度的指导意见》、《公开发行证券的公司信息披露内容与格式准则第2号——年度报告的内容与格式（2012年修订）》
董事会运作	董事培训	公司董事年度内参加了相关培训	《上市公司治理准则》
董事会运作	董事履职合规性	上市公司或公司董事年度内未被交易所、证券监管部门或其他相关部门处罚	《上市公司治理准则》、《证券期货市场诚信监督管理暂行办法》

资料来源：笔者根据相关资料整理。

1.3.1 董事会构成

董事会构成指标涉及董事会规模、董事会代表性、董事会领导权结构、外单位人员兼任董事四个方面。

1.3.1.1 董事会规模

董事会规模至少为6人，但不超过19人。《关于在上市公司建立独立董事制度的指导意见》规定，董事会成员中应当至少包括两名独立董事，上市公司董事会成员应当至少包括1/3独立董事。在既满足独立董事的人数最低限和比例最低限的条件下，公司董事会的规模至少应为6人。《中华人民共和国公司法》（以下简称《公司法》）规定：股份有限公司设董事会，其成员为 5～19 人。故董事会规模指标的门槛条件为董事会规模至少为 6 人，但不超过 19 人。

1.3.1.2　董事会代表性

董事会作为公司全体股东的代表，承担着制定公司重大战略决策、监督高级管理层的职责。《上市公司治理准则》中提到，董事应根据公司和全体股东的最大利益，忠实、诚信、勤勉地履行职责。既然作为全体股东的代表，董事会成员应尽可能包括各方利益的代表，既要体现控股股东的适度控制，又能充分反映各利益相关者的诉求。《上市公司治理准则》指出，在董事的选举过程中，应充分反映中小股东的意见；董事会应公平对待所有股东，并关注其他利益相关者的利益。鉴于此，我们设立董事会代表性指标，旨在反映公司董事会的构成，尤其是公司关键利益相关者在董事会中的席位情况，包括四项指标：股东董事、高管董事、职工董事和独立董事。

在股东董事方面，我们设立的门槛条件：在股东单位任职的董事比例未超过股东单位的持股比例。之所以设置这样的门槛值，是考虑到股东权利与义务的对等原则。一方面，股东董事理应通过董事选举，在上市公司董事会中派驻股东代表，以更好地保障股东利益；但另一方面，《公司法》明确规定，股份有限公司的股东以其认购的股份为限对公司承担责任。在权利与义务对等条件下，股东派驻到上市公司董事会中的股东董事比例不应超过其在上市公司的持股比例。

在高管董事方面，我们设定的门槛条件为在公司还兼任其他高管职务的董事比例未超过 1/2。董事会作为公司股东和经理层之间联结的枢纽，一方面承担着对经理人员的考核、监督以及任免工作，另一方面肩负着公司战略决策制定的关键职能。董事会职能的发挥在一定程度上依赖于经理层提供的关于公司经营的相关信息。在高管兼任公司董事的问题上，既要求有一定的重合度，又要防止过高重合而可能出现的"内部人控制"现象。《上市公司章程指引》中提到，董事可以由经理或其他高级管理人员兼任，但兼任经理或者其他高级管理人员职务的董事以及由职工代表担任的董事，总计不得超过公司董事总数的 1/2。

在职工董事方面，我们设定的门槛条件为公司至少有一位职工董事。《公司法》中明确规定，董事会成员中可以有公司职工代表。《上市公司章程指引》也提到，兼任经理或者其他高级管理人员职务的董事以及由职工代表担任的董事，总计不得超过公司董事总数的 1/2。鉴于我国目前上市公司中职工担任董事的现象并不普遍，还处于起步阶段，我们在设定指标评价标准时，只要求上市公司的董事会中至少包括一位职工董事。

在独立董事方面，我们根据《关于在上市公司建立独立董事制度的指导意见》的规定，要求上市公司独立董事的比例至少要达到董事会规模的 1/3。

1.3.1.3 董事会领导权结构

董事长承担着监督高级管理层的职责,如果公司没有实现两权分离,董事长和总经理由同一人担任,虽然可以在一定程度上提高决策效率,但很可能影响到董事会的监督职能,因为董事长与总经理的兼任在一定程度上导致了监督主体与监督客体的同一化现象。因此,董事长与总经理由不同人担任在一定程度上有利于董事会的有效监督,进而实现公司的科学决策。瑞欧德斯(Rhoades)、瑞查纳(Rechner)和桑达穆斯(Sundaramurthy)(2001),杜恩(Dunn)(2004),杰森(Jensen)(1993)的研究都支持上市公司董事长与总经理实现两权分离是很必要的,有助于公司的良好运作。

1.3.1.4 外单位人员兼任董事

外单位人员兼任董事指标涵盖对如下三类董事在外单位兼任数量的限制:董事会主席、执行董事和独立董事。

《上市公司治理准则》中明确提出,董事应保证有足够的时间和精力履行其应尽的职责。如果公司董事在外单位兼任的职位数量过多,会导致董事无暇有效履行其相关职责。利普顿(Lipton)和劳斯彻(Lorsch)(1992)的研究就指出,董事履行职责时面临的一个普遍困难在于缺少足够的时间。当然,资源依赖理论(Hillman、Cannella 和 Paetzold,2000)和利益相关者流派(Johnson 和 Greening,1999)所支持的董事会的资源依赖职能认为,由兼任多家公司董事的人员担任上市公司董事能够为公司带来更多的资源(Mizruchi and Stearns,1988),为公司提供专业技术(Baysinger 和 Hoskisson,1990),促使公司与其他组织之间建立联系(Burt,1980)等。本书并不否认兼任多家公司董事的人员能够在一定程度上为公司提供有用的资源,但如果在外单位兼任的公司数量过多则会抵消董事的资源依赖功能。本书所设计的在外单位兼任董事指标旨在限定各类董事在外单位兼职数量的上限,超过该数目的董事,被认为是没有时间履行其相应的职责。

在董事会主席和执行董事兼任数量方面,本书借鉴 ISS 的公司治理评价系统,限定董事会主席在上市公司之外最多兼任一家公司的董事长,最多兼任三家公司的非执行董事;执行董事最多担任两家公司的非执行董事。ISS 设定的该指标适用于法国、德国、荷兰、瑞典的上市公司。

在独立董事兼任数量方面,本书根据《关于在上市公司建立独立董事制度的指导意见》,将独立董事的兼任数量限定为五家,即独立董事原则上最多在 5 家上市公司兼任独立董事。

1.3.2 董事会专业委员会

董事会专业委员会由独立董事主导,其他董事共同组成,在董事会的专业决策方面发挥咨询专家职能,是董事会的重要组织机构。在董事会专业委员会指标方面,我们从专业委员会建立、专业委员会独立性、专业委员会成员背景、专业委员会会议、专业委员会履职情况汇报五个方面展开。

1.3.2.1 专业委员会建立

《上市公司治理准则》中指出,上市公司董事会可以按照股东大会的有关决议,设立战略、审计、提名、薪酬与考核等专门委员会。本书据此设计专业委员会建立指标,包括如下五个方面:战略委员会、薪酬与考核委员会、审计委员会、提名委员会、其他委员会。专业委员会建立指标的门槛值为公司设立了战略委员会、薪酬与考核委员会、审计委员会、提名委员会、其他委员会。

1.3.2.2 专业委员会的独立性

专业委员会的较高独立性能够促使独立董事成为高管薪酬制定、高管提名和公司财务审计的决策主体,有效制约公司内部人的私利攫取行为。董事会专业委员会的独立性从专业委员会中独立董事的比例与独立董事是否担任专业委员会主席两个方面来衡量。

专业委员会的独立董事比例涉及审计委员会、提名委员会、薪酬与考核委员会的独立董事比例。《关于在上市公司建立独立董事制度的指导意见》提出,如果上市公司董事会下设薪酬委员会、审计委员会、提名委员会等,独立董事应当在委员会成员中占有1/2以上的比例。《上市公司治理准则》也指出,专门委员会成员全部由董事组成,其中审计委员会、提名委员会、薪酬委员会与考核委员会中独立董事应占多数。因此,本书在专业委员会独立董事比例方面设置的门槛条件分别为:薪酬与考核委员会中独立董事比例超过50%;审计委员会中独立董事比例超过50%;提名委员会中独立董事比例超过50%。

专业委员会主席涉及审计委员会、提名委员会、薪酬委员会与考核委员会。根据《上市公司治理准则》的要求,董事会专业委员会全部由董事组成,其中审计委员会、提名委员会、薪酬委员会与考核委员会中独立董事应担任召集人。因此,本书在专业委员会主席方面设定的门槛条件分别为:薪酬委员会与考核委员会由独立董事担任委员会主席或召集人;审计委员会由独立董事担任委员会主席或召集人;提名委员会由独立董事担任委员会主席或召集人。

1.3.2.3 专业委员会成员背景

《上市公司治理准则》中明确要求,审计委员会中至少应有一名独立董事是会计专业人士。对于专业委员会成员的背景,中国目前的法律法规及相关准则并未给出更多的限定。因此在专业委员会成员背景指标上,本书设立的门槛条件为:审计委员会中至少有一名独立董事是会计专业人士。

1.3.2.4 专业委员会会议

《上市公司治理准则》明确规定了战略委员会、审计委员会、提名委员会、薪酬委员会与考核委员会的主要职责。各专业委员会在年度内需召开一定数量的会议以有效履行上述职责。谢（Xie）、戴维德森（Davidson）和达尔特（DaDalt）（2003），孙（Sun）、卡汉（Cahan）和爱曼尔（Emanuel）（2009）的研究也指出，董事会专业委员会的会议次数有助于公司的良好发展。鉴于目前董事会专业委员会是否召开会议及其会议次数并不是证券监管部门强制要求上市公司披露的事项，如果公司能够主动披露董事会专业委员会的会议次数，让投资者知悉专业委员会在年度内召开了工作会议，则向外部投资者传递了公司专业委员会良好运作的信号。因此，我们设置了专业委员会会议指标，其门槛条件为：战略委员会年度期间召开了会议；薪酬与考核委员会年度期间召开了会议；审计委员会年度期间召开了会议；提名委员会年度期间召开了会议。

1.3.2.5 专业委员会履职情况汇报

《公开发行证券的公司信息披露内容与格式准则第 2 号——年度报告的内容与格式（2012 年修订）》指出，公司应当披露董事会下设专门委员会在报告期内履行职责时所提出的重要意见和建议。鉴于此，本书设置了专业委员会履职情况汇报指标，衡量上市公司专业委员会的履职情况，其门槛条件为：公司披露了战略委员会的履职情况汇报；公司披露了薪酬与考核委员会的履职情况汇报；公司披露了审计委员会的履职情况汇报；公司披露了提名委员会的履职情况汇报。

1.3.3 董事薪酬

董事的薪酬状态是影响董事责任承担积极性的重要因素，合理的董事薪酬能够提高董事作为监督者的积极性，有效解决董事监督的激励问题，促使董事为促进公司发展而积极工作。董事薪酬指标从董事短期激励、董事长期激励、董事股份变动合规性三个方面衡量上市公司董事的薪酬状况。

1.3.3.1 董事短期激励

在董事短期激励指标方面，本书从董事现金薪酬数据的可获取性以及董事的绩效薪金两个角度来测度。

在董事现金薪酬数据的可获取性角度，本书的打分标准要求上市公司应公布每位董事现金薪酬的具体数额（包括董事从股东单位领取的薪酬）。因为《公司法》明确规定，公司应当定期向股东披露董事、监事、高级管理人员从公司获得报酬的情况。《公开发行证券的公司信息披露内容与格式准则第 2 号——年度报告的内容与格式（2012 年修订）》也指出，公司年度报告中应披露报告期末每位现任及报告期内离任董事、监事和高级管理人员在报告期内分别从公司及其股东单位获得的应付报酬总额。

需要说明的是，董事现金薪酬数据的可获取性并没有能够直接衡量董事的短期激励程度，而仅能反映公司在披露董事现金薪酬方面的工作情况。本书之所以没有设立某个或某些标准来判定公司应为董事发放多少现金薪酬是合适的，是因为在一定程度上并不存在适宜于所有上市公司的具体现金薪酬标准。为了避免对上市公司董事现金激励程度判断的偏误，我们仅根据《公司法》的规定，依据公司是否披露了每位董事现金薪酬的具体数额进行判定。

期望理论认为，人们实现目标的激励力量是效价和期望值的乘积。当效价越高，实现的可能性越大时，所产生的激励力量也越大。按照期望理论，组织中个人行为所能获得的效价是影响其激励力量的重要因素。如果在薪酬计划中，将董事的薪酬与公司绩效挂钩，至少实现了董事个人努力程度、公司业绩、个人报酬之间的关联，能够在一定程度上激励董事为提高公司绩效而努力工作。《中央企业负责人经营业绩考核暂行办法》中就规定，企业负责人的经营业绩，实行年度考核与任期考核相结合、结果考核与过程评价相统一、考核结果与奖惩相挂钩的考核制度；企业负责人年度薪酬分为基薪和绩效薪金两个部分；绩效薪金与年度考核结果挂钩。虽然针对整个上市公司而言，相关监管部门并未强制规定上市公司董事的薪酬必须与绩效相挂钩，但绩效薪金对董事的激励作用是值得提倡的。因此，本书对董事绩效薪金指标设立的门槛条件为：公司的董事薪酬采用了绩效薪金（不包括独立董事）。

1.3.3.2 董事长期激励

团队生产理论认为，在企业这个生产团队中，团队成员的协作最终促成了公司产品的形成。但是由于很难准确测度团队成员的个人贡献，相应地导致团队成员的报酬与其实际贡献的偏离，在生产团队中不可避免地存在着"搭便车"、"偷懒"等行为（Alchia 和 Demsetz，1972）。团队生产理论提出，可以让监督者持有公司的剩余权益，使监督者变成公司剩余索取者，从而解决监督者的激励问题。

根据团队生产理论，为了提高董事作为监督者的监督积极性，应该赋予董事一定的权益薪酬。延期支付计划、董事持股、股权激励计划都可以在董事的薪酬体系中纳入长效激励因素，促使董事更多地关注公司的长远发展。

延期支付计划实现了将执行董事的延期支付薪酬与公司股价表现相关联，增加了执行董事的退出成本，有利于减少执行董事的短视行为。《保险公司薪酬管理规范指引（试行）》中就规定，保险公司应当在薪酬管理制度中规定绩效薪酬延期支付制度。

《上市公司股权激励管理办法（试行）》中规定，股权激励计划的激励对象可以包括上市公司的董事、监事、高级管理人员、核心技术（业务）人员，以及公司认为应当激励的其他员工，但不应当包括独立董事。上市公司如果制订了股权激励计划，且该激励计划的激励对象涵盖除独立董事之外的董事会成员，则能够在一定程度上推动董事履职的积极性。

对于董事持股来说，体现了董事会的最终股权状态。由于我们不能很清晰地界定针对所有公司都适用的董事会最佳持股数量，我们仅对董事会是否持股进行了界定。鉴于我国上市公司目前董事会持股比例较低，董事会持股还处于起步阶段，仅对董事会是否持股的界定也能较好地区分董事会的长期激励情况。对于延期支付计划和股权激励计划，本书设定的门槛条件分别为：公司为执行董事的薪酬制订了延期支付计划；公司制订了股权激励计划，且该计划的激励对象包括除独立董事之外的其他董事。

1.3.3.3 董事股份变动合规性

随着股权分置改革的推进，自2006年，我国上市公司的董事、监事及高管在一定程度上可以实现任职期间内的股份买卖，提高了上市公司高层持股的变现能力，同时也引发了上市公司高层违规交易股票的行为。上市公司高层所持公司股份的违规变动不利于上市公司的良好发展，也有悖于上市公司推动高层持股的初衷。鉴于此，本书设置了董事股份变动合规性指标，依据《上市公司董事、监事和高级管理人员所持本公司股份及其变动管理规则》，要求上市公司董事持股变动具有合规性，即上市公司董事所持股份在规定情形下转让：董事所持股份未在公司股票上市交易之日起一年内、董事离职后半年内、董事承诺的不转让期限内转让；董事在任职期间内，当年度通过集中竞价、大宗交易、协议转让等方式实现的股份转让未超过其持股总数的1/4，但不包括司法强制执行、继承、遗赠、依法分割财产等实现的转让；董事所持公司股票未在买入后半年内卖出，或者在卖出后半年内又买入；董事未在下列时期买卖公司股票：定期报告公告前一月内、业绩预告和业绩快报公告前十天、可能对公司股价产生影响的重大事项发生或决策期间。

1.3.4 董事会运作

佩蒂格鲁（Pettigrew）（1992）强调了研究董事会运作的重要性，认为输入变量（董事会构成）与输出变量（董事会表现）之间有太多的跳跃性的推断，这中间并没有可能会将输入变量与输出变量联结在一起的运作和机制方面的证据。莱布兰克（Leblanc）和斯彻沃茨（2007）的研究将董事会运作称为"黑箱"，提出未来公司治理研究的一个关键问题就是董事会的运作问题。但是研究董事会的运作因素是很困难的，研究者们很难接近董事会以观察其实际的运作过程（Zahra和Pearce，1989），对董事会运作最有效的描述应该由小说家来完成（Zald，1969）。

对大样本的董事会评价研究来说，考察每家公司的董事会实际运作是不现实的。评价者们只能通过相关制度的健全、董事职责的履行情况等来间接判断公司董事会的运作质量。本书从董事会议事规则、董事会会议、董事培训、董事履职合规性角度来间接反映董事会的运作情况。

1.3.4.1 董事会议事规则

《上市公司治理准则》提到，上市公司应该在公司章程中规定规范的董事会议事规则，确保董事会高效运作和科学决策。《上市公司章程指引》指出，董事会制定董事会议事规则，以确保董事会落实股东大会决议，提高工作效率，保证科学决策。《公开发行证券的公司信息披露内容与格式准则第2号——年度报告的内容与格式（2012年修订）》中也明确提出，公司应当披露公司治理的基本状况，列示公司报告期内建立的各项公司治理制度。董事会议事规则的存在，为上市公司董事会会议召开的合规性和有效性提供了制度上的保障。鉴于此，本书将董事会议事规则指标的门槛条件设置为公司建立了董事会议事规则。

1.3.4.2 董事会会议

董事会会议是董事会开展工作、履行职责的首要工作形式，是决定董事会运作效率的重要因素。董事会通过投票表决，针对公司重大决策方案和基本制度的决策发表意见，实现董事会监督职能、咨询职能、控制职能和资源提供职能的发挥。鉴于此，在董事会会议指标方面，我们设置了董事参会情况、独立董事意见发表指标进行衡量。

需要说明的是，董事会会议次数也是表征董事会会议的重要变量，具体反映了董事会行为的强度。瓦弗斯（Vafeas）（1999）的研究也指出，董事会会议频率是影响公司价值的重要因素。但本书的指标体系中并未包括董事会会议次数，一方面，源于现有上市公司的具体实践已超过现有公司治理法规的要求，比如《上市公司治理准则》指出，董事会应定期召开会议。《公司法》、《上市公司章程指引》进一步明确提出，公司董事会每年度至少召开两次董事会会议。但是，我国上市公司每年度平均召开的董事会会议次数远超过2次，以2009年度我国沪深两市上市公司为例，其董事会会议的平均值为8.62次。在这种情况下，根据现有法规设置门槛值是没有意义的。另一方面，董事会会议次数在董事会治理质量方面的价值判断是不明晰的。过少的董事会会议反映了公司董事会在履职方面的懈怠，但过多的董事会也不能表明董事会在履职上一定勤勉，还有可能是董事会运作效率低下、公司出现问题较多的一个表征。最佳的董事会会议次数是依据公司具体情况而定的，很难制定出一个判断标准，因此，本书在董事会会议维度方面并未考虑董事会会议次数，而从董事会参会情况和独立董事意见发表方面来反映董事会会议质量。

在董事参会情况方面，我国目前的相关法律法规给出了相应的规定。《上市公司治理准则》指出，董事应以认真负责的态度出席董事会；董事确实无法亲自出席董事会的，可以书面形式委托其他董事按委托人的意愿代为投票。《上海证券交易所上市公司董事选任与行为指引》提到，董事一年内未亲自出席董事会会议次数占当年董事会会议次数1/3以上的，上市公司监事会应对其履职情况进行审议，就其是否勤勉尽责做出决议并予以公告。董事一年内未亲自出席董事会会议次数占当年董事会会议次数1/2以上，且无疾病、境外工作或境外学习等特别理由的，本所公开认定其三年以上不适合担任上市公司董事。《上市公司章程指引》指出，董事连续两次未能亲自出席，也不委托其他董事出席董事会会议，视为不能履行职责，董事会应当建议股东大会予以撤换。《关于在上市公司建立独立董事制度的指导意见》明确规定，独立董事连续三次未亲自出席董事会会议的，由董事会提请股东大会予以撤换。鉴于上述规定，在董事参会情况指标中，本书用三个具体的指标来衡量：董事年度内未亲自出席的董事会会议次数低于当年董事会会议次数的1/3；董事年度内未连续两次缺席董事会会议（该董事连续两次缺席董事会会议时也未委托其他董事出席会议）；独立董事年度内未出现连续三次都没有亲自出席董事会会议的情况。

在独立董事意见发表方面，《关于在上市公司建立独立董事制度的指导意见》指出，独立董事应当对上市公司重大事项发表独立意见。《公开发行证券的公司信息披露内容与格式准则第2号——年度报告的内容与格式（2012年修订）》中规定，公司应当披露报告期内每位独立董事履行职责的情况，包括但不限于：独立董事的姓名，独立董事出席董事会的次数、方式，独立董事曾提出异议的有关事项及异议的内容，出席股东大会的次数，独立董事对公司有关建议是否被采纳的说明。

在中国目前的上市公司治理环境下，独立董事发表异议的情况较少出现。唐雪松、申慧、杜军（2010）的研究指出，独立董事发表异议之后离职的概率变大。叶康涛、祝继高、陆正飞、张然（2011）认为，绝大多数情况下独立董事并不会公开质疑公司议案，但是当公司业绩不佳时，具有较高声誉、任职时间早于董事长任职时间以及具有财务背景的独立董事越倾向于针对董事会议案发表异议，并且异议独立董事所在的公司具有更高的市场价值。鉴于目前我国上市公司独立董事发表反对意见的情况较少，而且独立董事发表异议后的高离职率，我们认为，如果公司的独立董事针对公司的董事会议案提出了异议，在一定程度上能够反映公司在经营过程中存在的一些问题，折射出独立董事的良好履职状态。因此，在独立董事意见发表指标方面，我们设立的门槛条件为：公司的独立董事在年度内发表了反对意见。

1.3.4.3 董事培训

《上市公司治理准则》明确提出，董事应积极参加有关培训，以了解作为董事的权利、义务和责任，熟悉有关法律法规，掌握作为董事应具备的相关知识。因此，我们设定的董事培训的门槛条件为：公司董事年度内参加了相关培训。

1.3.4.4 董事履职合规性

深圳证券交易所和上海证券交易所于2004年推出上市公司诚信档案，用于记录上市公司及相关人员被交易所、证券监管部门的处罚情况。2012年7月31日，中国证监会发布了中国资本市场上的首部诚信规章《证券期货市场诚信监督管理暂行办法》，诚信档案的信息采集范围几乎可以涵盖资本市场运行的所有相关方，上市公司也在其中。首部诚信规章的实施有助于推动资本市场各参与方的诚信行为，对于深化上市公司的诚信合规起到了积极的作用。

《上市公司治理准则》中提到，董事会应认真履行有关法律、法规和公司章程规定的职责，确保公司遵守法律、法规和公司章程的规定。如果公司在运行过程中未能遵守相关法律、法规和公司章程的规定，被交易所、证券监管部门或其他相关部门处罚，则在一定程度上反映了公司董事会运作的低效率。因为董事会的运行效率首先应该体现在董事在履职过程中的合规性。超越合规性之上的董事会运作效率没有任何意义。因此，本书在董事履职合规性指标上设立的门槛条件为上市公司或公司董事年度内未被交易所、证券监管部门或其他相关部门处罚。

第 2 章

中国在美上市公司董事会治理评价研究

2.1 中国在美上市公司董事会治理评价的意义

从2000年企业"走出去"战略提出至今,中国公司通过海外经营、海外上市,足迹已遍布全球100多个国家和地区,形成了一大批实力雄厚、技术先进、管理卓越的跨国公司。中国企业"走出去"战略的实施,有助于促进中国经济融入国际市场,维护国家经济安全,促使企业占据国际产业链的关键环节,推动企业产品生产工艺的创新,最终提升企业的国际竞争力。

在中国企业"走出去"的过程中,在海外上市是重要的途径。中国公司通过在发达国家或地区的证券市场上市实现在全球资本市场的融资,海外上市地证券市场严格的监管环境和法律背景还有助于提升上市公司的治理质量,为上市公司经济实力的增强奠定坚实的基础。

但是,中国企业通过海外上市"走出去"的道路并不平坦,尤其是中国在美上市公司。美国的纽约泛欧证券交易所和纳斯达克证券交易所是全球范围内领先的证券交易所,对中国公司赴美上市所遇困难的分析也具有较好的代表性,能够清晰地说明中国企业在海外上市所遇到的困难。中华网和网易于2001年在美国上市、中国人寿于2004年在美国上市、前程无忧于2005年在美国上市、新华财经传媒于2007年在美国上市、麦考林于2010年在美国上市。这些在美国上市的企业相继遭到集体诉讼。2011年,一批中国概念股由于信息披露违规、违反交易规则、财务造假等原因被停牌或退市,IPO市销率达到72倍的人人网股价暴跌，美国证监会SEC官员对中国公司买壳上市的担忧瞬间使得中国概念股在美国资本市场上开始受到普遍质疑。随后一批中国概念股的财务造假、集体诉讼等事件，加之美国机构的做空报告，使得中国概念股股价集体缩水，回购潮和退市潮频发，一度引发了中国概念股的信任危机。中国公司赴美上市后，美国证券市场独特的法律环境、制度背景以及监管方式导致了中国公司"水土不服"的现象出现。究其根源，公司治理的失败是关键因素。

中国公司赴美上市因公司治理机制薄弱而导致经营风险的诸多事件反映了中国在美上市公司治理的重要性，也凸显了针对中国在美上市公司治理质量进行评价的急迫性。鉴于董事会在公司治理中的重要地位，利用一套科学完善的公司治理评价系统，融合中国概念因素与美国市场因素，对中国在美上市公司董事会治理状况进行评价具有重要的意义。

第一，有利于诊断中国公司赴美上市"水土不服"的深层次原因，推动中国公司"走出去"的进程。

中国公司赴美上市实现了上市公司在制度边界上的拓展，由此带来的治理环境及治理功能的变化是海外上市公司国际化战略不可忽视的重要因素。制度落差背景下赴美上市公司面临的治理环境差异，使得中国在美上市公司面临着诸多的风险因素，出现了较为严重的"水土不服"现象。在美上市的中国公司潜在的财务造假、信息披露失真等行为也导致了集体诉讼及分析师做空的频繁出现。中国公司赴美上市实现国际化进程中出现的诸多问题根源于公司治理，尤其是董事会治理的失败。国际化背景下中国公司国际竞争力的提升，公司治理无疑是关键因素，而治理制度的设计既需要统一标准、共同规则，又需要依据东道国的制度环境灵活安排。针对中国在美上市公司董事会治理的评价有助于推动中国公司"走出去"的战略，帮助公司克服国际化战略中的"水土不服"现象。

第二，有利于中国在美上市公司科学决策与监控机制的完善和诊断控制。

董事会治理指数使公司（被评价对象）能够及时掌握本公司董事会的总体运行状况，及时对可能出现的问题进行诊断，有针对性地采取措施，从而确保董事会治理结构、董事会治理机制处于良好的状态中，进而提高公司决策水平和公司竞争力。定期的董事会治理评价信息，有助于中国在美上市公司及时掌握董事会治理潜在的风险，并采取积极的措施降低与规避监控风险；利用董事会治理评价所提供的董事会治理质量、董事会治理风险的全面信息，可以了解其投资对象，为科学决策提供信息资源。

第三，有利于建立中国在美上市公司董事会治理实证研究平台，提高董事会治理研究水平。

中国在美上市公司董事会治理指数的构建使董事会治理的研究由理论层面的

研究具体到量化研究和实务研究，有利于解决董事会治理质量、董事会治理风险、董事会治理成本与公司治理绩效度量这些科学问题。董事会治理评价过程中的一系列调查研究的成果是顺利开展对董事会治理实证研究的重要数据资源。这一平台的建立，将使董事会治理理论研究与董事会治理实践研究得以有机结合，进一步提高董事会治理理论研究对董事会治理实践研究的指导作用。

2.2 中国在美上市公司董事会治理评价指标体系

中国在美上市公司的董事会治理兼具中美两国元素，既包含中国董事会的特征，同时因美国法律环境、资本市场的差异而导致董事会治理呈现出美国特性。中国在美上市公司董事会治理评价指标体系根据美国资本市场、证券监管规则与中国的差异，重点体现中国公司赴美上市后在董事会治理方面呈现的变化，以董事诚信、勤勉义务为核心，构筑了一套董事会治理评价指标体系。下文所述为中国在美上市公司董事会治理评价的重点指标。

2.2.1 中国在美上市公司董事会治理共性指标

中国在美上市公司董事治理在一些指标方面与中国上市公司类似，比如职工董事、董事会专业委员会、董事股份变动合规性、董事会议事规则、董事培训。表2-1给出了中国在美上市公司董事会治理评价共性指标。

2.2.1.1 职工董事

《公司法》中明确规定，董事会成员中可以有公司职工代表。《上市公司章程指引》也提到，兼任经理或者其他高级管理人员职务的董事以及由职工代表担任的董事，总计不得超过公司董事总数的1/2。鉴于我国目前上市公司中职工担任董事的现象并不普遍，还处于起步阶段，我们在设定指标评价标准时，只要求上市公司的董事会中至少包括一位职工董事。

2.2.1.2 董事会专业委员会

董事会专业委员会在董事会的专业决策方面发挥咨询专家职能，是董事会的重要组织机构。在董事会专业委员会指标方面，我们从专业委员会会议、专业委员会履职情况汇报两个方面展开。

2.2.1.2.1 专业委员会会议

《上市公司治理准则》明确规定了战略委员会、审计委员会、提名委员会、薪酬与考核委员会的主要职责。各专业委员会在年度内需召开一定数量的会议以

第2章 中国在美上市公司董事会治理评价研究

表2-1 中国在美上市公司董事会治理评价共性指标

序号	指标描述
1	公司至少有一位职工董事
2	战略委员会年度期间召开了会议
3	薪酬与考核委员会年度期间召开了会议
4	审计委员会年度期间召开了会议
5	提名委员会年度期间召开了会议
6	公司披露了战略委员会的履职情况汇报
7	公司披露了薪酬与考核委员会的履职情况汇报
8	公司披露审计委员会的履职情况汇报
9	公司披露了提名委员会的履职情况汇报
10	上市公司董事持股变动是否具有合规性
11	上市公司制定了董事会议事规则
12	公司董事年度内参加了相关培训

资料来源：笔者根据相关资料整理。

有效履行上述职责。谢、戴维德森和达达尔特（2003），孙、卡汉和爱曼尔（2009）的研究也指出，董事会专业委员会的会议次数有助于公司的良好发展。鉴于目前董事会专业委员会是否召开会议及其会议次数并不是证券监管部门强制要求上市公司披露的事项，如果公司能够主动披露董事会专业委员会的会议次数，让投资者知悉专业委员会在年度内召开了工作会议，则向外部投资者传递了公司专业委员会良好运作的信号。因此，我们的评价指标设置为：战略委员会年度期间召开了会议；薪酬与考核委员会年度期间召开了会议；审计委员会年度期间召开了会议；提名委员会年度期间召开了会议。

2.2.1.2.2 专业委员会履职情况汇报

《公开发行证券的公司信息披露内容与格式准则第2号——年度报告的内容与格式（2012年修订）》指出，公司应当披露董事会下设专门委员会在报告期内履行职责时所提出的重要意见和建议。鉴于此，我们设置了专业委员会履职情况汇报指标，衡量上市公司专业委员会的履职情况：公司披露了战略委员会的履职情况汇报；公司披露了薪酬与考核委员会的履职情况汇报；公司披露了审计委员会的履职情况汇报；公司披露了提名委员会的履职情况汇报。

2.2.1.3 董事股份变动合规性

随着股权分置改革的推进，自2006年，我国上市公司的董事、监事及高管在一定程度上可以实现任职期间内的股份买卖，提高了上市公司高层持股的变现能力，同时也引发了上市公司高层违规交易股票的行为。上市公司高层所持公司股份的违规变动不利于上市公司的良好发展，也有悖于上市公司推动高层持股的初衷。鉴于此，我们设置了董事股份变动合规性指标，依据《上市公司董事、监事和高级管理人员所持本公司股份及其变动管理规则》，要求上市公司董事持股变动具有合规性，即上市公司董事所持股份在规定情形下转让：董事所持股份未在公司股票上市交易之日起一年内、董事离职后半年内、董事承诺的不转让期限内转让；董事在任职期间内，当年度通过集中竞价、大宗交易、协议转让等方式实现的股份转让未超过其持股总数的1/4，但不包括司法强制执行、继承、遗赠、依法分割财产等实现的转让；董事所持公司股票未在买入后半年内卖出，或者在卖出后半年内又买入；董事未在下列时期买卖公司股票：定期报告公告前一月内、业绩预告和业绩快报公告前十天、可能对公司股价产生影响的重大事项发生或决策期间。

2.2.1.4 董事会议事规则

《上市公司治理准则》提到，上市公司应该在公司章程中规定规范的董事会议事规则，确保董事会高效运作和科学决策。《上市公司章程指引》指出，董事会制定董事会议事规则，以确保董事会落实股东大会决议，提高工作效率，保证科学决策。《公开发行证券的公司信息披露内容与格式准则第2号——年度报告的内容与格式（2012年修订）》中也明确提出，公司应当披露公司治理的基本状况，列示公司报告期内建立的各项公司治理制度。董事会议事规则的存在，为上市公司董事会会议召开的合规性和有效性提供了制度上的保障。因此，我们设置了董事会议事规则指标：上市公司制定了董事会议事规则。

2.2.1.5 董事培训

《上市公司治理准则》明确提出，董事应积极参加有关培训，以了解作为董事的权利、义务和责任，熟悉有关法律法规，掌握作为董事应具备的相关知识。因此，我们设定的董事培训的门槛条件为公司董事年度内参加了相关培训。

2.2.2 中国在美上市公司董事会治理特性指标

"法律绑定假说"和"声誉绑定假说"认为公司通过海外上市，可以借助海外上市地较严格的法律和监管背景，提升公司治理质量，并最终增加公司价值（Salva，2003）。考弗（Coffee）（1999）、斯图尔茨（Stulz）（1999）提出的"法律绑定假说"，认为来自于法律和监管相对落后国家的公司通过在监管较严，投资者保护较好的交易所交叉上市，可以促进其公司治理质量的提升。而"声誉绑定假说"则认为，可以通过对中介机构监督的加强来间接推动交叉上市公司的质量提升，比如分析师（费尔南德斯和费雷拉，2007）、承销商（Loureiro，2007）、审计师（范和王，2008）、机构投资者的行为等。

大量研究证实了外国公司赴美上市后公司治理质量及公司价值的提升。瑞森德·维巴茨（Reeseand Weisbach）（2002）探讨了外国公司在美交叉上市后对中小股东保护的影响，研究表明，外国公司交叉上市后新股发行的类型证实了上市公司对股东保护程度的增加，并为"法律绑定假说"提供了经验证据。乐兰德·米勒（Leland Miller）（2008）通过检验公司识别以及解聘表现糟糕 CEO 的能力来检测美国投资者保护对交叉上市公司治理的提升效应，研究发现，来自投资者保护较差国家的公司在美上市以后，更倾向于解雇业绩糟糕的 CEO，从而验证了"绑定假说"。道伊治（Doidge）（2004）的研究指出，在美国交叉上市的外国公司的托宾 Q 显著高于没有交叉上市的本国公司，较高的公司价值是源于外国公司在美上市以后能够缓解控股股东对上市公司利益的攫取，也因此增加了公司利用良好投资机会的能力。

中国公司赴美上市以后，借助美国证券市场严格的监管制度和法律环境，也在一定程度上实现了董事会治理质量的提升。中国公司赴美上市后，由于治理制度的跃迁，在董事会治理中呈现出一些特性，主要表现在董事会业绩评估、董事权利赋予、董事会职能发挥、关联交易、董事会参会情况、董事会构成、董事高管兼任情况、董事会专业委员会、董事薪酬和独立董事方面。

2.2.2.1　董事会业绩评估

董事会业绩评估包括自评和他评两个方面，评价客体包括董事会、董事会专业委员会、董事会成员。针对董事的业绩评价有助于董事会清晰了解自身工作的不足，增进股东对董事会工作的监督和了解程度，提高董事履行职责的动力，激发董事努力工作的积极性。董事会专业委员会负责评估董事会业绩，并对自身业绩进行评估。《纽约证券交易所上市公司手册准则》第 303A.05 薪酬委员会、第 303A.06 审计委员会、第 303A.04 提名/公司治理委员会部分提出，薪酬委员会、审计委员会、提名/公司治理委员会必须制定章程文本，写明上述董事会专业委员会的年度考核事项等。《纽约证券交易所上市公司手册准则》第 303A.09 公司治理准则部分指出，董事会应该在年度内至少进行一次自我评价，以决定董事会及其专业委员会功能行使的有效性。

在董事会业绩评估部分，我们新增的指标如下：公司是否对董事会的业绩进行评价；公司是否披露了相关政策要求对董事进行年度评价；董事会专业委员会是否对董事会业绩进行年度评估；每个董事会专业委员会是否针对自身业绩进行年度评估；董事会成员是否进行自我评估或者对其他董事的工作情况进行评价。

2.2.2.2　董事权利赋予

《萨班斯法案》第 301 节指出，审计委员会如果认为需要，有权聘请独立顾问协助其工作。美国法律协会的相关准则也指出，独立董事有权聘请外部中介机构、咨询机构为顾问，相关的聘请费用由公司承担。《纽约证券交易所上市公司手册准则》第303A.05薪酬委员会部分指出，对于负责评估董事、CEO及其他高管业绩的部门，公司应赋予该部门聘请咨询公司，并由公司承担聘用费用的权利。另外，在董事会议案两方投票票数相等的情况下，公司应该赋予董事长第二次投票权或者决定票，以增加董事会决策的有效性，提高董事会的决策效率。

当公司董事长和CEO由同一人担任时，董事对CEO的监督职能很难发挥，并且由于权力的集中可能影响公司的决策科学性。但也有学者认为，上市公司出现董事长和CEO两个权力核心，可能会带来一定程度的决策不一致性。商界圆桌协会则坚决支持CEO兼任董事长的传统。但是，董事长和CEO由一人担任对公司的不利影响也不容忽视。于是，人们建议，在人事连锁制度的前提下，上市公司应该设立首席独立董事或领导董事，以制衡董事长和CEO由一人担任可能带来的权利集中问题。首席独立董事/领导董事的责任包括但不限于如下方面：在公司董事长缺席会议时，列席所有董事会会议，包括独立董事召开的高管继任计划会议；首席独立董事在董事长和独立董事之间承担着协调和联络角色；批准董事会会议议程及相关信息；召集独立董事会议；如果大股东要求，首席独立董事应该承担咨询和沟通责任。

在董事权利赋予方面，我们新增的指标如下：董事是否能不用获得高管许可就聘用独立的咨询人员；在董事会议案两方投票票数相等的情况下，公司是否赋予了董事长第二次投票权或者决定票；公司是否任命了首席独立董事或领导董事。

2.2.2.3 董事会职能发挥

董事会是公司治理的核心，承担着监督管理层米兹路奇（Mizruchi，1983）、提供关键资源希尔曼（Hillman和达尔齐尔Dalziel，2003）、负责公司内部控制和风险管理的责任，是股东和管理层之间的联结纽带。

《纽约证券交易所上市公司手册准则》第404节管理层对内部控制的评价中指出，内部控制报告应强调公司管理层在内部控制中承担的责任。SEC规则也认为，公众公司年报中应包括公司的内部控制状况以及会计师事务所针对管理层内控评价的鉴证报告。

《纽约证券交易所上市公司手册准则》第303A.06审计委员会部分指出，审计委员会应讨论公司的风险评估和风险管理事项。虽然，评估和管理公司风险是上市公司CEO的职责，但是审计委员会必须要讨论风险控制的准则和政策。审计委员会必须要讨论上市公司的金融风险，以及管理层应该采取怎样的措施监督、控制该风险。审计委员会并不需要单独承担风险评估和管理的责任，但是审计委员会应该对公司的风险管理和评估行为制定准则及相关政策。

在董事职能发挥方面,我们新增的指标如下:董事是否监督公司的发展战略、风险评估与管理、内部控制、财务和经营控制、CEO 绩效;董事会是否在公司战略制定和实施中发挥重要作用;董事会是否对公司的整体绩效负责;董事是否参与 CEO 绩效评估以及继任计划的制订;董事会是否公平、客观地反映所有股东的利益。

2.2.2.4 关联交易

美国《公司法》对关联交易的规范,已经从严格禁止转变为有条件允许,从对判例法的依赖转变为法典化。《纽约证券交易所上市公司手册准则》第 314 节关联交易部分指出,关联交易指公司高管、董事、股东与公司之间进行的交易。每个关联交易都需要上市公司相关部门进行仔细审核、评价。纽约证券交易所并没有详细规定应该由上市公司的哪个部门来承担审核与评估关联交易的职责,交易所认为审计委员会或者其他的合适机构能够胜任该工作。在审核关联交易之后,公司应该决定关联交易方是否以公司利益为重,并决定是否取消该关联交易。交易所也会持续关注公司关联交易的情况,提醒上市公司注意自身的职责,评估每一笔关联交易。

在关联交易部分,我们新增的指标如下:参与关联交易的董事是否任职于董事会的关键委员会;董事参与关联交易的比例;CEO 是否参与了关联交易;过去三年里,是否有关联交易涉及董事、高管等公司关键人员。

2.2.2.5 董事会参会情况

董事会会议是董事会开展工作,履行职责的首要工作形式,是决定董事会运作效率的重要因素。董事会通过投票表决,针对公司重大决策方案和基本制度的决策发表意见,实现董事会监督职能、咨询职能、控制职能和资源提供职能的发挥。董事会会议次数也是表征董事会会议的重要变量,具体反映了董事会行为的强度。瓦弗茨(1999)的研究也指出,董事会会议频率是影响公司价值的重要因素。董事是否积极参与董事会会议能够在一定程度上反映董事勤勉义务的履行情况。

美国律师协会的公司治理准则规定,董事应该能够获取足够的、准确的信息以使董事清楚地了解公司现状,进而行使董事职权。并且,董事有权利查阅公司文件及账目,以获得关于公司的充足信息。

在董事会会议方面,我们新增的指标如下:董事会会议次数;所有董事是否至少参加了一半董事会会议;参加董事会会议不足 75% 的董事比例;未能参加公司 75% 董事会会议的董事是否给出了可信的理由;董事是否能够获得关于公司决策所需的充足信息。

2.2.2.6 董事会构成

管理层的任职期限问题是股东与管理层代理问题的一个重要方面(Jensen,

1969；Jensen 和 Smith，1985）。哈姆布瑞克（Hambrick）和福库图米（Fukutomi）（1991）提出了总裁生命周期的五阶段模型（The Five Delineated Seasons of a CEO's Tenure），认为总裁的管理生命周期会经历如下五个季节：受命上任、探索改革、形成风格、全面强化、僵化阻碍。每个季节中总裁在认知模式的刚性、职务知识、信息源质量、任职兴趣、权力方面都各有差异。根据五阶段模型，上任时间较长的管理层具有较强的认知模式刚性，较丰富的职务知识，少数且过滤度较高的信息源，较低的任职兴趣和较强的权利。上任时间较长董事的职位权利和谈判能力会随着任职期间的增加而变大，在组织的决策方面会变得缺乏适应性以及相应的变革精神（Miller，1991），在新知识和技术的获取方面也显得较为懈怠（Audia 等，2000）。任期时间过长的董事在董事会中所占比例过高不利于董事会职能的有效发挥。

前任高管担任董事比例越高越不好，是董事会独立性指标的进一步体现。如果前任高管在董事会中所占比例过高，则董事会在一定程度上会受到前任高管或创始人的影响。

在董事会构成方面，我们新增的指标如下：任职时间过长的董事比例；前任高管担任董事比例；前任 CEO 不能成为董事会主席。

2.2.2.7 董事、高管兼任情况

如果公司董事在外单位兼任的职位数量过多，会导致董事无暇有效履行其相关职责。Lipton 和 Lorsch（1992）的研究就指出，董事履行职责时面临的一个普遍困难在于缺少足够的时间。当然，资源依赖理论（Hillman、Cannella 和 Paetzold，2000）和利益相关者流派（Johnson 和 Greening，1999）所支持的董事会的资源依赖职能认为，由兼任多家公司董事的人员担任上市公司董事能够为公司带来更多的资源（Mizruchi 和 Stearns，1988），为公司提供专业技术（Baysinger 和 Hoskisson，1990），促使公司与其他组织之间建立联系（Burt，1980）等。我们并不否认兼任多家公司董事的人员能够在一定程度上为公司提供有用的资源，但如果在外单位兼任的公司数量过多则会抵消董事的资源依赖功能。

在董事、高管兼任情况方面，我们新增了如下指标：在其他公司中兼任董事职位过多的非执行董事人数；执行董事是否在其他公司中兼任董事职位过多的情况；CEO 兼任了多少家公司的董事；董事长是否在其他公司中兼任过多的董事职位。

2.2.2.8 董事会专业委员会

2.2.2.8.1 专业委员会独立性

专业委员会的较高独立性能够促使独立董事成为高管薪酬制定、高管提名和公司财务审计的决策主体，有效制约公司内部人的私利攫取行为。纽交所和纳斯达克交易所的上市标准中明确要求上市公司董事会下属的薪酬委员会、审计委员

会、提名委员会全部由独立董事构成。《萨班斯法案》也指出，审计委员会成员由公司董事会成员构成，并且必须保持独立性。在中国的公司治理实践中，目前只要求独立董事在上述委员会中所占比例超过一半。《关于在上市公司建立独立董事制度的指导意见》提出，如果上市公司董事会下设薪酬、审计、提名等委员会的，独立董事应当在委员会成员中占有1/2以上的比例。《上市公司治理准则》也指出，专门委员会成员全部由董事组成，其中审计委员会、提名委员会、薪酬与考核委员会中独立董事应占多数。

2.2.2.8.2 薪酬委员会

纽交所公司治理条例规定，薪酬委员会是决定公司管理层薪酬的权威机构。纳斯达克交易所的公司治理条例规定，薪酬委员会必须保持独立性，CEO不能出席薪酬委员会会议。

薪酬委员会成员的交叉任职可能导致潜在的利益冲突。当以下情况出现时，属于薪酬委员会的交叉任职：A公司的高管在B公司的薪酬委员会中任职，B公司的高管在A公司的薪酬委员会中任职；A公司的高管在B公司董事会中任职，或者至少有一名A公司的高管在B公司的薪酬委员会中任职，B公司的高管在A公司董事会中任职，或者至少有一名B公司的高管在A公司的薪酬委员会中任职。

《纽约证券交易所上市公司手册准则》第303A.05薪酬委员会部分指出，薪酬委员会必须制定章程文本，写明如下事项：薪酬委员会的目的和职责、薪酬委员会的年度考核、薪酬委员会成员的任职资格、薪酬委员会成员的任命与离任、薪酬委员会结构与运作、薪酬委员会向董事会的汇报及报告。

2.2.2.8.3 审计委员会

《萨班斯法案》第301节指出，董事会审计委员会应对会计师事务所的聘用、审计酬金负责，并负责对会计师事务所对公司年度报告的审计进行监督；当管理层与审计方在财务报告质量方面发生分歧时，审计委员会负有协调义务。审计委员会成员除了在公司获取应得的津贴外，不能从公司收取任何咨询费用或其他相关费用，也不能成为上市公司或其附属机构的关联人员。

SEC的规则要求，上市公司董事会审计委员会应该至少包括一位财务专家，并明确披露。《萨班斯法案》第407节对审计委员会财务专家进行了界定。《纽约证券交易所上市公司手册准则》第303A.06审计委员会部分指出，审计委员会成员至少由三人组成，且成员必须具有财务专业背景，或者在合理的时间内能够成为财务专业背景人士。并且，审计委员会成员至少有一位成员是会计或财务管理专家。在中国，《上市公司治理准则》中也明确要求，审计委员会中至少应有一名独立董事是会计专业人士。

《纽约证券交易所上市公司手册准则》第303A.06审计委员会部分指出，由于审计委员会在上市公司中承担的重要角色,审计委员会成员需要考虑自己是否有足够的时间履行职责。如果审计委员会成员在超过三个上市公司的审计委员会中任职,则公司需判定该成员是否有足够时间,是否会影响其工作效率。如果公司认为该审计委员会成员在外单位兼任职位过多并没有影响其工作有效性,则需要同时在公司网站、年报等披露上市公司的这项决定。

《纽约证券交易所上市公司手册准则》第303A.06审计委员会部分还指出,审计委员会应制定章程文本。并且,审计委员会应召开会议,与管理层、独立董事一起审核、讨论上市公司年度财务报告的审计事项以及季度年度报告。

2.2.2.8.4 提名委员会

提名/公司治理委员会在公司中发挥重要角色,是董事会功能有效发挥的核心环节。赋予提名/公司治理委员会的绝对独立性有助于增强董事提名的质量。并且,提名/公司治理委员会还负责提升公司的治理质量。《纽约证券交易所上市公司手册准则》第303A.04提名委员会部分指出,如果上市公司通过合法途径将提名董事的权利赋予除提名委员会的第三方机构,第三方机构需要将该董事的选聘与提名程序提交给提名委员会。

《纽约证券交易所上市公司手册准则》第303A.04提名委员会部分指出,上市公司必须成立提名/公司治理委员会,并且委员会成员必须全部为独立董事。提名/公司治理委员会必须要制定章程文本,规定委员会的目的和职责、委员会的年度业绩评估、委员会成员任职资格、聘用、解聘、结构、运营以及报告事项。上市公司需要将提名/公司治理委员会章程在公司网站上公布。

在董事会专业委员会方面,我们新增了如下指标:薪酬委员会独立性/薪酬委员会全部由非执行董事组成;高管是否在薪酬委员会中任职,是否参与薪酬制定;董事会主席是否在薪酬委员会中任职;薪酬委员会成员是否在其他薪酬委员会交叉任职;薪酬委员会是否制定章程文本;审计委员会独立性;高管是否在审计委员会中任职;董事会主席是否在审计委员会中任职;审计委员会至少有一名财务专家;审计委员会负责会计师事务所的聘用、审计费用以及监督;审计委员会成员不能从公司收取除审计委员会津贴之外的其他咨询或相关报酬;审计委员会成员应有足够时间履行职责,如果审计委员会成员在超过三个上市公司的审计委员会中任职,则公司需判定该成员是否有足够时间,是否会影响其工作效率;审计委员会是否召开会议审核、讨论年报的审计事宜;提名委员会是否制定章程文本;董事长是否为提名委员会成员;提名委员会独立性;提名委员会的职能是否对整个董事会负责;提名委员会中是否有职工代表;提名委员会中是否有小股东代表;提名委员会主席的资格背景;提名委员会是否制定章程文本。如表2-2所示。

表2-2 专业委员会相关指标

序号	指标描述
1	薪酬委员会独立性/薪酬委员会全部由非执行董事组成
2	高管是否在薪酬委员会中任职,是否参与薪酬制定
3	董事会主席是否在薪酬委员会中任职
4	薪酬委员会成员是否在其他薪酬委员会交叉任职
5	薪酬委员会是否制定章程文本
6	审计委员会独立性
7	高管是否在审计委员会中任职
8	董事会主席是否在审计委员会中任职
9	审计委员会至少有一名财务专家
10	审计委员会负责会计师事务所的聘用、审计费用以及监督
11	审计委员会成员不能从公司收取除审计委员会津贴之外的其他咨询或相关报酬
12	审计委员会成员应有足够时间履行职责,如果审计委员会成员在超过三个上市公司的审计委员会中任职,则公司需判定该成员是否有足够时间,是否会影响其工作效率
13	审计委员会是否召开会议审核、讨论年报的审计事宜
14	提名委员会是否制定章程文本
15	董事长是否为提名委员会成员
16	提名委员会独立性
17	提名委员会的职能是否对整个董事会负责
18	提名委员会中是否有职工代表
19	提名委员会中是否有小股东代表
20	提名委员会主席的资格背景
21	提名委员会是否制定章程文本

资料来源:笔者根据相关资料整理。

2.2.2.9 董事薪酬

团队生产理论认为,在企业这个生产团队中,团队成员的协作最终促成了公司产品的形成。但是由于很难准确测度团队成员的个人贡献,相应地导致团队成员的报酬与其实际贡献的偏离,在生产团队中不可避免地存在着"搭便车"、"偷懒"等行为(Alchia 和 Demsetz,1972)。团队生产理论提出,可以让监督者持有公司的剩余权益,使监督者变成公司剩余索取者,从而解决监督者的激励问题。根据团队生产理论,为了提高董事作为监督者的监督积极性,应该赋予董事一定的权益薪酬。董事持股、股权激励计划都可以在董事的薪酬体系中纳入长效激励因素，促使董事更多地关注公司的长远发展。

另外，董事薪酬与绩效挂钩也是董事薪酬评价的重要方面。期望理论认为，人们实现目标的激励力量是效价和期望值的乘积。当效价越高，实现的可能性越大时，所产生的激励力量也越大。按照期望理论，组织中个人行为所能获得的效价是影响其激励力量的重要因素。如果在薪酬计划中，将董事的薪酬与公司绩效挂钩，至少实现了董事个人努力程度、公司业绩、个人报酬之间的关联，能够在一定程度上激励董事为提高公司绩效而努力工作。

对于制订股票期权计划的上市公司来说，存在着对公司股权的潜在稀释情况。股票期权的发放费用并不计入公司费用。大规模股票期权的执行会在一定程度上稀释公司股票的实际价值。

在董事薪酬方面，我们新增了如下指标：长短期任期董事在董事会中的比例需平衡；每位董事、高管的薪酬应单独披露；董事、高管的年薪不应超过 100 万美元，且制定与绩效挂钩的绩效工资；董事、CEO 的薪酬是否明显高于同行；公司应披露具体的薪酬标杆；董事会每位成员是否都持有公司股票；董事薪酬中包括哪些长期激励计划；过去三年里，公司是否对股票期权进行了重新定价，或者启用高管参与的股票期权变更项目；董事、高管的保险、退休计划、交通费、在职费用等开支。如表 2 - 3 所示。

表 2 - 3　董事薪酬相关指标

序号	指标描述
1	长短期任期董事在董事会中的比例需平衡
2	每位董事、高管的薪酬应单独披露
3	董事、高管的年薪不应超过 100 万美元，且制定与绩效挂钩的绩效工资
4	董事、CEO 的薪酬是否明显高于同行
5	公司应披露具体的薪酬标准
6	董事会每位成员是否都持有公司股票
7	董事薪酬中包括哪些长期激励计划
8	过去三年里，公司是否对股票期权进行了重新定价，或者启用高管参与的股票期权变更项目
9	董事、高管的保险、退休计划、交通费、在职费用等开支

资料来源：笔者根据相关资料整理。

2.2.2.10 独立董事

《纽约证券交易所上市公司手册准则》第303A.05薪酬委员会部分指出，上市公司的董事会应该主要由独立董事构成；独立董事在董事会中占较大比例能够增加董事会监督的有效性，降低有损公司的利益冲突事件的发生。独立董事与股东提名董事的比例能够进一步反映董事会的独立性。当公司决策事宜与CEO有利益冲突时，CEO不适宜参加会议。比如涉及CEO的业绩评价，或者如何解决CEO与公司之间的利益冲突等。独立董事在年度内应该召开没有首席执行官参加的会议。在独立董事方面，我们新增的指标包括：独立董事与股东提名董事之比；独立董事是否召开了没有高管参与的会议。

2.2.3 中国在美上市公司董事会治理评价指标体系

在中国上市公司董事会治理评价指标体系的基础上，我们依据中国和美国董事会治理相关准则的规定，对中国上市公司董事会治理评价指标体系进行了优化调整，增加了一些能够反映中国在美上市公司董事会治理质量的指标，构成中国在美上市公司董事会治理评价指标体系。该指标体系包括董事权利与义务、董事会运作效率、董事会组织结构、董事薪酬、独立董事制度、董事会专业委员会六个方面，具体包括的指标如表2-4所示。需要说明的是，由于我们构建的中国在美上市公司董事会治理评价指标体系由六部分构成，比中国上市公司董事会治理评价指标体系多增加了董事会专业委员会维度，因此我们对中国上市公司董事会治理评价指标体系的结构进行了微调，旨在保证各指标之间的一致性。在表2-4中，★代表该指标属于中国上市公司董事会治理评价指标体系；*代表该指标是依据中国董事会治理实践的发展而新增的指标；‡代表该指标是依据美国证券交易所公司治理规则新增加的适用于评价中国在美上市公司董事会治理质量的指标。

表2-4 中国在美上市公司董事会治理评价指标体系

一级指标	二级指标	指标归属	序号
董事权利与义务	董事权利与义务状态	★	1
	董事损害赔偿责任制度	★	2
	股东董事比例	★	3
	董事年龄构成	★	4
	董事专业背景	★	5
	董事在外单位的任职情况	★	6

续表

一级指标	二级指标	指标归属	序号
董事权利与义务	上市公司制定了董事会议事规则	*	7
	公司董事年度内参加了相关培训	*	8
	公司是否对董事会的业绩进行评价	‡	9
	公司是否披露了相关政策要求对董事进行年度评价	‡	10
	董事会专业委员会是否对董事会业绩进行年度评估	‡	11
	董事会专业委员会是否针对自身业绩进行年度评估	‡	12
	董事会成员是否进行自我评估或者对其他董事的工作情况进行评价	‡	13
	董事是否不用获得高管许可就聘用独立的咨询人员	‡	14
	在董事会议案两方投票票数相等的情况下，公司是否赋予了董事长第二次投票权或者决定票	‡	15
	公司是否任命了首席独立董事或领导董事	‡	16
董事会运作效率	董事会规模	★	17
	董事长与总经理的两权分离状态	★	18
	董事与高管的职位重合	★	19
	董事会成员的性别构成	★	20
	董事会会议情况	★	21
	董事是否监督公司的发展战略、风险评估与管理、内部控制、财务和经营控制、CEO绩效	‡	22
	董事会是否在公司战略制定和实施中发挥重要作用	‡	23
	董事会是否对公司的整体绩效负责	‡	24
	董事是否参与CEO绩效评估以及继任计划的制订	‡	25
	董事会是否公平、客观地反映所有股东的利益	‡	26
	参与关联交易的董事是否任职于董事会的关键委员会	‡	27
	董事参与关联交易的比例；CEO是否参与了关联交易	‡	28
	过去三年里，是否有关联交易涉及董事、高管等公司关键人员	‡	29
	董事会会议次数	‡	30
	所有董事是否至少参加了一半董事会会议	‡	31
	参加董事会会议不足75%的董事比例	‡	32
	未能参加公司75%董事会会议的董事是否给出了可信的理由	‡	33
	董事是否能够获得关于公司决策所需的充足信息	‡	34

续表

一级指标	二级指标	指标归属	序号
董事会组织结构	公司至少有一位职工董事	*	35
	任职时间过长的董事比例	‡	36
	前任高管担任董事比例	‡	37
	前任CEO不能成为董事会主席	‡	38
	在其他公司中兼任董事职位过多的非执行董事人数	‡	39
	执行董事是否在其他公司中兼任董事职位过多的情况	‡	40
	CEO兼任了多少家公司的董事	‡	41
	董事长是否在其他公司中兼任过多的董事职位	‡	42
董事薪酬	董事薪酬水平	★	43
	董事薪酬形式	★	44
	董事绩效评价标准建立	★	45
	上市公司董事持股变动是否具有合规性	*	46
	长短期任期董事在董事会中的比例需平衡	‡	47
	每位董事、高管的薪酬应单独披露	‡	48
	董事、高管的年薪不应超过100万美元,且制定与绩效挂钩的绩效工资	‡	49
	董事、CEO的薪酬是否明显高于同行	‡	50
	公司应披露具体的薪酬标准	‡	51
	董事会每位成员是否都持有公司股票	‡	52
	董事薪酬中包括哪些长期激励计划	‡	53
	过去三年里,公司是否对股票期权进行了重新定价,或者启用高管参与的股票期权变更项目	‡	54
	董事、高管保险、退休计划、交通费、在职费用等开支	‡	55
独立董事制度	独立董事比例	★	56
	独立董事津贴	★	57
	独立董事职业为高校学者的人数	★	58
	独立董事职业为政府官员(含退休)的人数	★	59
	有过总经理/CEO/总裁/董事长经历的独立董事人数	★	60
	有过总会计师/注册会计师/审计师等会计从业经历的独立董事人数	★	61
	有过律师/法律顾问等法律从业经历的独立董事人数	★	62
	在外单位兼任2个及以上职务的独立董事比例	★	63
	委托或缺席2次及以上董事会会议的独立董事比例	★	64
	独立董事与股东提名董事之比	‡	65
	独立董事是否召开了没有高管参与的会议	‡	66

续表

一级指标	二级指标	指标归属	序号
董事会专业委员会	战略委员会的设置	★	67
	审计委员会的设置	★	68
	薪酬与考核委员会的设置	★	69
	提名委员会的设置	★	70
	其他专业委员会的设置	★	71
	战略委员会年度期间召开了会议	*	72
	薪酬与考核委员会年度期间召开了会议	*	73
	审计委员会年度期间召开了会议	*	74
	提名委员会年度期间召开了会议	*	75
	公司披露了战略委员会的履职情况汇报	*	76
	公司披露了薪酬与考核委员会的履职情况汇报	*	77
	公司披露了审计委员会的履职情况汇报	*	78
	公司披露了提名委员会的履职情况汇报	*	79
	薪酬委员会独立性/薪酬委员会全部由非执行董事组成	‡	80
	高管是否在薪酬委员会中任职,是否参与薪酬制定	‡	81
	董事会主席是否在薪酬委员会中任职	‡	82
	薪酬委员会成员是否在其他薪酬委员会交叉任职	‡	83
	薪酬委员会是否制定章程文本	‡	84
	审计委员会独立性	‡	85
	高管是否在审计委员会中任职	‡	86
	董事会主席是否在审计委员会中任职	‡	87
	审计委员会至少有一名财务专家	‡	88
	审计委员会负责会计师事务所的聘用、审计费用及监督	‡	89
	审计委员会成员不能从公司收取除审计委员会津贴之外的其他咨询或相关报酬	‡	90
	审计委员会成员应有足够时间履行职责,若审计委员会成员在超过三个上市公司的审计委员会中任职,则公司需判定该成员是否有足够时间,是否会影响其工作效率	‡	91
	审计委员会是否召开会议审核、讨论年报的审计事宜	‡	92
	提名委员会是否制定章程文本	‡	93
	董事长是否为提名委员会成员	‡	94
	提名委员会独立性	‡	95
	提名委员会的职能是否对整个董事会负责	‡	96
	提名委员会中是否有职工代表	‡	97
	提名委员会中是否有小股东代表	‡	98
	提名委员会主席的资格背景	‡	99
	提名委员会是否制定章程文本	‡	100

2.3 中国在美上市公司评价样本概况

美国具有多层次的股票市场，主要包括纽约泛欧交易所、纳斯达克证券交易所以及场外交易市场。纽约泛欧交易所由纽约证券交易所和泛欧交易所于2007年合并而成，总部位于纽约，整合了信息、交易、交割以及清算平台，是全球最大的股票交易市场。纳斯达克证券交易所是电子交易股票市场，旨在为新兴产业提供竞争舞台，在纳斯达克上市的公司涵盖各种新技术行业，是成长速度最快的股票市场，也是首家完全电子化的股票市场。OTC MARKET 为场外交易市场或柜台交易市场。在美国，由 OTC Markets Group 运营的 OTC 市场分为三个层次：OTCQX、OTCQB、OTC PINK。上述三个 OTC 市场主要是按照报告方式以及信息披露程度划分的。区分这三个市场主要是为了让 OTC 市场更具透明度和清晰度。OTCQX 具有最为严格的信息披露程度，OTCQB 居中，而 OTC PINK 的信息披露程度最低。OTC PINK 又根据公司完成信息披露的情况，划分为 OTC Pink™ Current Information、OTC Pink Limited Information、OTC Pink No Information。除了上述 OTC 市场之外，还有 OTCBB、GREY MARKET①。

中国赴美上市公司在纽约泛欧交易所、纳斯达克证券交易所、场外交易市场都有分布，上市方式包括直接上市、借壳上市或通过 ADR 上市。由于 OTC 市场上市公司的数据获取较为困难，本报告所涉及的中国在美上市公司指在纽约泛欧交易所、纳斯达克证券交易所上市的中国大概念的上市公司。截至 2012 年 12 月 31 日，在纽约泛欧交易所、纳斯达克证券交易所上市的中国公司共有 225 家，具体名单详见表 2-5。

在 225 家公司中，有 91 家公司在纽约泛欧交易所上市，其中 15 家分布在 NYSE AMEX，76 家分布在 NYSE；在纳斯达克交易所上市的中国公司有 134 家。从上市方式上来说，118 家公司通过 ADR 上市，107 家通过非 ADR 方式上市。

---

① OTCBB 由 The NASDAQ Stock Market，Inc 运营。只有那些向 SEC 或者银行/保险机构报告信息的公司才能在 OTCBB 上交易。由于 OTCBB 仅仅是报价系统，并不具有电子信息的传输能力（The OTCBB system is a quotation only system, as it lacks the electronic messaging capabilities of OTC Link），所以很多在 OTCBB 上交易的公司也同时在 OTC LINK 上交易（OTC Link TM system into 3 tiers：OTCQX, OTCQB and OTC Pink），而单独在 OTCBB 上交易的公司，做市商需要通过电话来实现交易。GREY MARKET 则没有做市商。在 GREY MARKET 上的交易由交易经纪人报给 Self Regulatory Organization（SRO），由 SRO 将信息传给市场数据供应商（Market Data Vendors）以及财经网站，以供投资者追踪价格。GREY MARKET 的透明度较差，并且最佳订单的撮合比较困难。

表2-5　中国在美上市公司名单

序号	交易代码	证券简称	交易所	证券类型	上市板
1	ACH	中国铝业	NYSE	存托凭证 GLOBAL	主板
2	ACTS	炬力集成	NASDAQ	存托凭证 GLOBAL	主板
3	ADY	飞鹤乳业	NYSE	普通股	主板
4	ALN	绿润食品	AMEX	普通股	主板
5	AMAP	高德软件	NASDAQ	存托凭证 GLOBAL	主板
6	AMBO	安博教育	NYSE	存托凭证 GLOBAL	主板
7	AMCF	星源船舶燃料	NASDAQ	普通股	主板
8	AMCN	航美传媒	NASDAQ	存托凭证 GLOBAL	主板
9	ASIA	亚信联创	NASDAQ	普通股	主板
10	ATAI	ATA INC-ADR	NASDAQ	存托凭证 GLOBAL	主板
11	ATV	橡果国际	NYSE	存托凭证 GLOBAL	主板
12	AXN	奥星药业	AMEX	普通股	主板
13	BCDS	BCD半导体	NASDAQ	存托凭证 GLOBAL	主板
14	BIDU	百度	NASDAQ	存托凭证 GLOBAL	主板
15	BITA	易车	NYSE	存托凭证 GLOBAL	主板
16	BONA	博纳影业	NASDAQ	存托凭证 GLOBAL	主板
17	BORN	博润	NYSE	存托凭证 GLOBAL	主板
18	BSPM	奥星制药	NASDAQ	普通股	主板
19	BWOW	万桥兴业	NASDAQ	普通股	主板
20	CAAS	中国汽车系统	NASDAQ	普通股	主板
21	CADC	领先材料	NASDAQ	普通股	主板
22	CALI	汽车物流	NASDAQ	普通股	主板
23	CBAK	比克电池	NASDAQ	普通股	主板
24	CBP	仁皇药业	AMEX	普通股	主板
25	CBPO	中国生物制品	NASDAQ	普通股	主板
26	CCCL	恒达陶瓷	NASDAQ	普通股	主板
27	CCIH	蓝汛通信	NASDAQ	存托凭证 GLOBAL	主板
28	CCM	泰和诚医疗	NYSE	存托凭证 GLOBAL	主板
29	CCSC	乡村基快餐	NYSE	存托凭证 GLOBAL	主板
30	CEA	中国东方航空股份	NYSE	存托凭证 GLOBAL	主板
31	CEDU	弘成教育	NASDAQ	存托凭证 GLOBAL	主板
32	CEO	中国海洋石油	NYSE	存托凭证 GLOBAL	主板

续表

序号	交易代码	证券简称	交易所	证券类型	上市板
33	CGA	绿色农业	NYSE	普通股	主板
34	CHA	中国电信	NYSE	存托凭证 GLOBAL	主板
35	CHC	中华水电	NYSE	存托凭证 GLOBAL	主板
36	CGEI	CHINA GROWTH EQUITY INVESTMENT	NASDAQ	普通股	主板
37	CHDX	美中互利	NASDAQ	普通股	主板
38	CHGS	中国耕生矿物	AMEX	普通股	主板
39	CHL	中国移动	NYSE	存托凭证 GLOBAL	主板
40	CHLN	中华地产	NASDAQ	普通股	主板
41	CHNR	中能开发	NASDAQ	普通股	主板
42	CHOP	鸽瑞复合材料	NASDAQ	普通股	主板
43	CHRM	昌荣传播	NASDAQ	存托凭证 GLOBAL	主板
44	CHU	中国联通	NYSE	存托凭证 GLOBAL	主板
45	CIS	柯莱特	NYSE	存托凭证 GLOBAL	主板
46	CISG	泛华保险	NASDAQ	存托凭证 GLOBAL	主板
47	CJJD	九洲大药房	NASDAQ	普通股	主板
48	CLNT	中国风力发电	NASDAQ	普通股	主板
49	CLWT	欧陆科仪	NASDAQ	普通股	主板
50	CMFO	海洋食品	AMEX	普通股	主板
51	CMGE	手游娱乐	NASDAQ	存托凭证 GLOBAL	主板
52	CNAM	惠通集团	AMEX	普通股	主板
53	CNET	中网在线	NASDAQ	普通股	主板
54	CNIT	中国信息	NASDAQ	普通股	主板
55	CNR	中国新城农村	AMEX	普通股	主板
56	CNTF	德信无线	NASDAQ	存托凭证 GLOBAL	主板
57	CNYD	中国易达	NASDAQ	普通股	主板
58	CO	中国脐带血库	NYSE	普通股	主板
59	COGO	科通集团	NASDAQ	普通股	主板
60	CPGI	胜达包装	NASDAQ	普通股	主板
61	CPHI	惠普森控股	AMEX	普通股	主板
62	CPSL	中国精密钢铁	NASDAQ	普通股	主板
63	CREG	西安盈丰科技	NASDAQ	普通股	主板

续表

序号	交易代码	证券简称	交易所	证券类型	上市板
64	CSIQ	阿特斯	NASDAQ	普通股	主板
65	CSUN	中电光伏	NASDAQ	存托凭证 GLOBAL	主板
66	CTC	21世纪不动产	NYSE	存托凭证 GLOBAL	主板
67	CTEL	城市电讯	NASDAQ	存托凭证 GLOBAL	主板
68	CTFO	北大千方	NASDAQ	普通股	主板
69	CTRP	携程	NASDAQ	存托凭证 GLOBAL	主板
70	CXDC	鑫达高分子材料	NASDAQ	普通股	主板
71	CYD	玉柴国际	NYSE	普通股	主板
72	CYOU	畅游	NASDAQ	存托凭证 GLOBAL	主板
73	DANG	当当网	NYSE	存托凭证 GLOBAL	主板
74	DATE	世纪佳缘	NASDAQ	存托凭证 GLOBAL	主板
75	DEER	德尔集团	NASDAQ	普通股	主板
76	DHRM	德海尔医疗	NASDAQ	普通股	主板
77	DL	正保远程教育	NYSE	存托凭证 GLOBAL	主板
78	DQ	大全新能源	NYSE	存托凭证 GLOBAL	主板
79	DSWL	冠宏电子	NASDAQ	普通股	主板
80	EBOD	可再生能源	NASDAQ	普通股	主板
81	EDS	喜得龙	NASDAQ	普通股	主板
82	EDU	新东方	NYSE	存托凭证 GLOBAL	主板
83	EFUT	富基融通科技	NASDAQ	普通股	主板
84	EGO	埃尔拉多黄金	NYSE	普通股	主板
85	EJ	易居中国	NYSE	存托凭证 GLOBAL	主板
86	EVK	华瑞服装	AMEX	普通股	主板
87	FENG	凤凰新媒体	NYSE	存托凭证 GLOBAL	主板
88	FFHL	富维薄膜	NASDAQ	普通股	主板
89	FMCN	分众传媒	NASDAQ	存托凭证 GLOBAL	主板
90	FSIN	大连傅氏	NASDAQ	普通股	主板
91	FTNT	飞塔	NASDAQ	普通股	主板
92	GA	巨人网络	NYSE	存托凭证 GLOBAL	主板
93	GAGA	利农国际	NASDAQ	存托凭证 GLOBAL	主板
94	GAME	盛大游戏	NASDAQ	存托凭证 GLOBAL	主板
95	GPRC	冠威塑料	NASDAQ	普通股	主板

续表

序号	交易代码	证券简称	交易所	证券类型	上市板
96	GRO	华奥物种	NYSE	存托凭证 GLOBAL	主板
97	GSH	广深铁路股份	NYSE	存托凭证 GLOBAL	主板
98	GSI	通用钢铁	NYSE	普通股	主板
99	GSOL	环球资源	NASDAQ	普通股	主板
100	GURE	豪源集团	NASDAQ	普通股	主板
101	HEAT	精密热仪	NASDAQ	普通股	主板
102	HGSH	汉广厦房地产	NASDAQ	普通股	主板
103	HIMX	奇景光电	NASDAQ	存托凭证 GLOBAL	主板
104	HMIN	如家	NASDAQ	存托凭证 GLOBAL	主板
105	HNP	华能国际	NYSE	存托凭证 GLOBAL	主板
106	HOGS	河南众品	NASDAQ	普通股	主板
107	HOLI	和利时自动化	NASDAQ	普通股	主板
108	HPJ	豪鹏国际	NASDAQ	普通股	主板
109	HSFT	海辉软件	NASDAQ	存托凭证 GLOBAL	主板
110	HSOL	韩华新能源	NASDAQ	存托凭证 GLOBAL	主板
111	HTHT	汉庭连锁	NASDAQ	存托凭证 GLOBAL	主板
112	ISS	软通动力	NYSE	存托凭证 GLOBAL	主板
113	ISSI	芯成半导体	NASDAQ	普通股	主板
114	JASO	晶澳太阳能	NASDAQ	存托凭证 GLOBAL	主板
115	JKS	晶科能源	NYSE	存托凭证 GLOBAL	主板
116	JOBS	前程无忧	NASDAQ	存托凭证 GLOBAL	主板
117	JRJC	中国金融在线	NASDAQ	存托凭证 GLOBAL	主板
118	JST	海南金盘	NASDAQ	普通股	主板
119	KGJI	金凰珠宝	NASDAQ	普通股	主板
120	KH	康辉医疗	NYSE	存托凭证 GLOBAL	主板
121	KNDI	康迪车业	NASDAQ	普通股	主板
122	KONE	联合信息	NASDAQ	存托凭证 GLOBAL	主板
123	KONG	空中网	NASDAQ	存托凭证 GLOBAL	主板
124	KUTV	酷6传媒	NASDAQ	存托凭证 GLOBAL	主板
125	LAS	联拓国际	NYSE	存托凭证 GLOBAL	主板
126	LDK	江西赛维	NYSE	存托凭证 GLOBAL	主板
127	LFC	中国人寿	NYSE	存托凭证 GLOBAL	主板

续表

序号	交易代码	证券简称	交易所	证券类型	上市板
128	LIWA	利华国际	NASDAQ	普通股	主板
129	LLEN	龙腾矿业	NASDAQ	普通股	主板
130	LONG	艺龙	NASDAQ	存托凭证 GLOBAL	主板
131	LPH	龙威经贸	AMEX	普通股	主板
132	LTON	灵通	NASDAQ	存托凭证 GLOBAL	主板
133	MARK	REMARK MEDIA INC	NASDAQ	普通股	主板
134	MCOX	麦考林	NASDAQ	存托凭证 GLOBAL	主板
135	MEMS	美新半导体	NASDAQ	普通股	主板
136	MGH	明科金矿	AMEX	普通股	主板
137	MOBI	斯凯网络	NASDAQ	存托凭证 GLOBAL	主板
138	MPEL	新濠博亚娱乐	NASDAQ	存托凭证 GLOBAL	主板
139	MR	迈瑞	NYSE	存托凭证 GLOBAL	主板
140	MY	明阳风电	NYSE	存托凭证 GLOBAL	主板
141	NCTY	第九城市	NASDAQ	存托凭证 GLOBAL	主板
142	NED	诺亚教育	NYSE	存托凭证 GLOBAL	主板
143	NEWN	新能源系统	AMEX	普通股	主板
144	NFEC	NF ENERGY SAVING CORPORATION	NASDAQ	普通股	主板
145	NINE	九城关贸	NASDAQ	存托凭证 GLOBAL	主板
146	NKBP	诺康生物	NASDAQ	存托凭证 GLOBAL	主板
147	NOAH	诺亚财富	NYSE	存托凭证 GLOBAL	主板
148	NPD	海王星辰	NYSE	存托凭证 GLOBAL	主板
149	NQ	网秦	NYSE	存托凭证 GLOBAL	主板
150	NTE	南太电子	NYSE	普通股	主板
151	NTES	网易	NASDAQ	存托凭证 GLOBAL	主板
152	OIIM	凹凸科技	NASDAQ	存托凭证 GLOBAL	主板
153	OINK	丰泽农牧	NASDAQ	普通股	主板
154	ONP	东方纸业	AMEX	普通股	主板
155	OSN	奥盛创新	NASDAQ	存托凭证 GLOBAL	主板
156	PACQU	PRIME ACQUISITION CORP	NASDAQ	普通股	主板
157	PSOF	普联软件	NASDAQ	普通股	主板
158	PTR	中国石油股份	NYSE	存托凭证 GLOBAL	主板

第 2 章 中国在美上市公司董事会治理评价研究

续表

序号	交易代码	证券简称	交易所	证券类型	上市板
159	PWRD	完美时空	NASDAQ	存托凭证 GLOBAL	主板
160	QIHU	奇虎360	NYSE	存托凭证 GLOBAL	主板
161	QKLS	庆客隆连锁	NASDAQ	普通股	主板
162	RCON	研控科技	NASDAQ	普通股	主板
163	RDA	锐迪科微电子	NASDAQ	存托凭证 GLOBAL	主板
164	RENN	人人	NYSE	存托凭证 GLOBAL	主板
165	SCEI	索昂生物	NASDAQ	普通股	主板
166	SCOK	泓利煤焦	NASDAQ	普通股	主板
167	SCR	先声药业	NYSE	存托凭证 GLOBAL	主板
168	SEED	奥瑞金种业	NASDAQ	普通股	主板
169	SFUN	搜房网	NYSE	存托凭证 GLOBAL	主板
170	SGOC	冠科电子	NASDAQ	普通股	主板
171	SHI	上海石化	NYSE	存托凭证 GLOBAL	主板
172	SHP	尚华医药	NYSE	存托凭证 GLOBAL	主板
173	SHZ	神州矿业	AMEX	普通股	主板
174	SIMO	慧荣科技	NASDAQ	存托凭证 GLOBAL	主板
175	SINA	新浪	NASDAQ	普通股	主板
176	SINO	中美全球	NASDAQ	普通股	主板
177	SKBI	天星生药	NASDAQ	普通股	主板
178	SMI	中芯国际	NYSE	存托凭证 GLOBAL	主板
179	SNP	中国石油化工股份	NYSE	存托凭证 GLOBAL	主板
180	SOHU	搜狐	NASDAQ	普通股	主板
181	SOL	昱辉光能	NYSE	存托凭证 GLOBAL	主板
182	SORL	瑞立汽车	NASDAQ	普通股	主板
183	SPRD	展讯通信	NASDAQ	存托凭证 GLOBAL	主板
184	SPU	天人果汁	NASDAQ	普通股	主板
185	SSRX	三生制药	NASDAQ	存托凭证 GLOBAL	主板
186	SSW	塞斯潘	NYSE	普通股	主板
187	STP	尚德电力	NYSE	存托凭证 GLOBAL	主板
188	STV	永新视博	NYSE	存托凭证 GLOBAL	主板
189	SUTR	森特集团	NASDAQ	普通股	主板
190	SVA	科兴生物	NASDAQ	普通股	主板
191	SVM	希尔威金属矿业	NYSE	普通股	主板

续表

序号	交易代码	证券简称	交易所	证券类型	上市板
192	SVN	7天连锁	NYSE	存托凭证GLOBAL	主板
193	SYMX	综合能源	NASDAQ	普通股	主板
194	SYSW	思源纪经	NYSE	存托凭证GLOBAL	主板
195	SYUT	圣元国际	NASDAQ	普通股	主板
196	TAOM	淘米	NYSE	存托凭证GLOBAL	主板
197	TBOW	创博国际	NASDAQ	普通股	主板
198	THTI	巨元瀚洋	NASDAQ	普通股	主板
199	TPI	天银药业	AMEX	普通股	主板
200	TRIT	鼎联	NASDAQ	普通股	主板
201	TSL	常州天合光能	NYSE	存托凭证GLOBAL	主板
202	TSTC	东方信联	NASDAQ	普通股	主板
203	UTSI	UTSTARCOM INC	NASDAQ	普通股	主板
204	VALV	圣恺工业	NASDAQ	普通股	主板
205	VIMC	中星微电子	NASDAQ	存托凭证GLOBAL	主板
206	VIPS	唯品会	NYSE	存托凭证GLOBAL	主板
207	VISN	华视传媒	NASDAQ	存托凭证GLOBAL	主板
208	VIT	文思信息技术	NYSE	存托凭证GLOBAL	主板
209	VNET	世纪互联	NASDAQ	存托凭证GLOBAL	主板
210	WH	无锡西姆莱斯	NYSE	存托凭证GLOBAL	主板
211	WWIN	稳健医疗	NASDAQ	普通股	主板
212	WX	药明康德	NYSE	存托凭证GLOBAL	主板
213	XIN	鑫苑置业	NYSE	存托凭证GLOBAL	主板
214	XNY	希尼亚	NYSE	存托凭证GLOBAL	主板
215	XRS	学而思教育	NYSE	存托凭证GLOBAL	主板
216	XUE	学大教育	NYSE	存托凭证GLOBAL	主板
217	YGE	英利绿色能源	NYSE	存托凭证GLOBAL	主板
218	YOKU	优酷土豆	NYSE	存托凭证GLOBAL	主板
219	YONG	永业国际	NASDAQ	普通股	主板
220	YTEC	宇信易诚	NASDAQ	普通股	主板
221	YZC	兖州煤业	NYSE	存托凭证GLOBAL	主板
222	ZA	左岸服饰	NYSE	存托凭证GLOBAL	主板
223	ZNH	中国南方航空股份	NYSE	存托凭证GLOBAL	主板
224	ZOOM	天津通广	NASDAQ	普通股	主板
225	ZX	正兴集团	NYSE	存托凭证GLOBAL	主板

从行业分布上来说，依据全球行业分类标准（GICS），公用事业和电信行业分布的上市公司较少，分别为 4 家和 5 家；信息技术行业类上市公司最多，有 71 家；其他行业分布的上市公司从 10 家至 42 家不等，具体而言，能源行业和金融行业类上市公司分别为 10 家和 11 家；日常消费品和医疗保健类上市公司分别有 15 家和 19 家；原材料、工业、非日常生活消费品类上市公司分别有 21 家、27 家和 42 家。如图 2–1 所示。

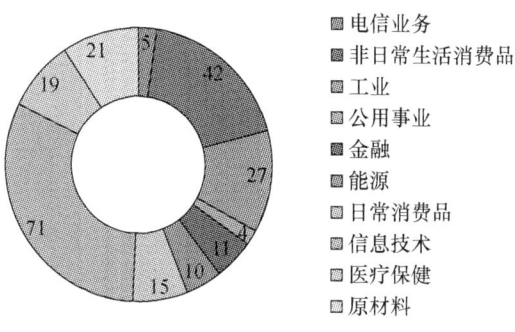

图 2–1　中国在美上市公司行业分布

资料来源：笔者根据相关资料整理。

第 3 章

中国上市公司董事会治理质量分析

以 2006~2013 年沪深两市 2663 家上市公司为样本，从董事长变更、董事年龄及性别构成、董事会专业委员会、董事会会议、独立董事出席会议、独立董事意见发表、董事薪酬、董事及其关联方持股变动方面分析中国上市公司董事会治理质量。

3.1 样本情况分析

表 3-1 是 2663 家样本公司的行业分布情况。制造业上市公司数量最多，有 1585 家，所占比例为 59.519%。信息技术业和批发零售贸易业上市公司也较多，分别为 193 和 161 家，所占比例分别为 7.247% 和 6.046%。综合类，传播与文化产业，农、林、牧、渔业，金融保险业上市公司的数量最少，分别为 36、41、45、45 家，所占比例分别为 1.352%、1.540%、1.690% 和 1.690%。

表 3-1 样本基本情况：行业分布

上市公司行业分类	公司数	比例（%）
A 农、林、牧、渔业	45	1.690
B 采掘业	75	2.816
C 制造业	1585	59.519
C0 食品、饮料	97	6.120
C1 纺织、服装、皮毛	77	4.858
C2 木材、家具	14	0.883
C3 造纸、印刷	46	2.902

续表

上市公司行业分类	公司数	比例（%）
C4 石油、化学、塑胶、塑料	278	17.539
C5 电子	145	9.148
C6 金属、非金属	219	13.817
C7 机械、设备、仪表	545	34.385
C8 医药、生物制品	148	9.338
C9 其他制造业	16	1.009
D 电力、煤气及水的生产和供应业	89	3.342
E 建筑业	68	2.554
F 交通运输、仓储业	95	3.567
G 信息技术业	193	7.247
H 批发和零售贸易	161	6.046
I 金融、保险业	45	1.690
J 房地产业	150	5.633
K 社会服务业	80	3.004
L 传播与文化产业	41	1.540
M 综合类	36	1.352
总计数	2663	100.000

表3-2是样本上市公司的板块分布情况。主板上市公司为1493家，所占比例为58.572%。中小板上市公司有701家，所占比例为27.501%。创业板上市公司为355家，所占比例为13.927%。

表3-2 样本基本情况：板块分布

	样本数	比例（%）
主板	1493	58.572
中小板	701	27.501
创业板	355	13.927
公司数总计	2549	100.000

表3-3是样本上市公司分股票类别的统计表。A股上市公司有2549家，所占比例为95.719%。B股上市公司有201家，所占比例为7.548%。AH股上市公司有91家，所占比例为3.417%。

表3-3 样本基本情况：股票类别

	样本数	比例（%）
A股	2549	95.719
B股（含B股和AB股）	201	7.548
AH股	91	3.417
公司数总计	2663	100.000

3.2 董事长变更

表3-4给出了2006~2013年1190家公司，2326个观测值中发生董事长离职公司的董事长离任原因。由表3-4可知，在为期八年的2326个董事长离任观测值中，离任原因最多的前三个是工作调动、任期届满、辞职，分别有767个、576个和452个观测值；完善公司法人治理结构、涉案、解聘在离任原因中占据样本较少，分别有9个、12个和14个观测值。123位、44位董事长分别因退休、健康原因导致离任，84位董事长因个人原因离任。

表3-4 2006~2013年离任董事长的离任原因分析

离任原因	离职董事人数
工作调动	767
退休	123
任期届满	576
控股权变动	22
辞职	452
解聘	14
健康原因	44
个人原因	84
完善公司法人治理结构	9
涉案	12
结束代理	183
其他	40
有效观测值合计	2326
有效公司数合计	1190

第3章 中国上市公司董事会治理质量分析

表3-5报告了2006~2013年离任董事长的离任年龄情况。在董事长离任公司中，离任高发的年龄段依次是41~50岁、51~60岁、61~70岁，分别有940、933、306位董事长离任。3位30岁以下的董事长在2006~2013年发生了离任。80岁以上离任的董事长有2位。13位年龄在71~80岁的董事长在2006~2013年发生了离任。

表3-5 2006~2013年离任董事长的离任年龄分析

离任董事长年龄区间	离任董事长人数
30岁以下	3
31~40	129
41~50	940
51~60	933
61~70	306
71~80	13
80岁以上	2
有效观测值合计	2326
有效公司数合计	1190

表3-6是继任董事长继任来源的年度分析。2006年，131位继任董事长来源于公司内部，所占比例为45.172%；159位继任董事长来源于公司外部，所占比例为54.828%。2007~2008年，来源于公司内部的继任董事长比例均高于外部。以2011年为例，236位继任董事长来源于公司内部，所占比例为73.750%；84位继任董事长来源于公司外部，所占比例为26.250%。上市公司董事长继任来源越来越倾向于由公司内部产生。

表3-6 继任董事长继任来源的年度分析

继任年份	继任来源				每年有效观测值
	公司内部		公司外部		
	数量	比例（%）	数量	比例（%）	
2006	131	45.172	159	54.828	290
2007	185	56.923	140	43.077	325
2008	284	68.932	128	31.068	412
2009	179	57.372	133	42.628	312

续表

继任年份	继任来源				每年有效观测值
	公司内部		公司外部		
	数量	比例（%）	数量	比例（%）	
2010	217	64.583	119	35.417	336
2011	236	73.750	84	26.250	320
2012	202	68.013	95	31.987	297
2013	248	70.056	106	29.944	354
合计	1682	63.568	964	36.432	2646

注：2006～2013年董事长继任来源数据的有效公司数为1486家。

表3-7是职位变更董事长教育背景的年度分析。2006年，84位发生职位变更的董事长具有大专学历，195位职位变更的董事长是本科学历，199位职位变更的董事长是硕士研究生学历，27位职位变更的董事长是博士学历，中专及中专以下学历且发生职位变更的董事长有6位。2007年，具有本科学历、硕士研究生学历，且发生职位变更的董事长均有224位；具有大专学历且发生职位变更的董事长比博士研究生学历的董事长多27位。2008～2013年，发生职位变更的董事长中，具有硕士研究生学历的董事长均比具有本科学历的董事长多。总体而言，发生职位变更的董事长多具有本科和硕士研究生学历，而博士研究生学历、中专及中专以下学历相对较少。

表3-7 职位变更董事长教育背景的年度分析

教育背景 \ 年份	2006	2007	2008	2009	2010	2011	2012	2013	总计
中专及中专以下	6	10	6	0	9	10	3	4	48
大专	84	68	91	49	58	53	60	35	498
本科	195	224	209	190	195	209	137	192	1551
硕士研究生	199	224	253	214	272	249	254	295	1960
博士研究生	27	41	45	43	49	58	57	45	365
其他	0	1	1	0	0	0	0	0	2
有效样本数	511	568	605	496	583	579	511	571	4424

3.3 董事年龄及性别构成

表 3-8 是董事平均年龄构成分析。2006~2013 年，董事平均年龄逐年增长，从 2006 年的 48.760 岁，增长到 2013 年的 51.314 岁。2007~2010 年，董事平均年龄均为 49 岁左右。2011~2012 年，董事平均年龄均约为 50 岁。表 3-8 的数据表明，中国上市公司董事的年龄基本在 50 岁左右，具有丰富的商业实践或理论经验。

表 3-8 董事平均年龄构成分析

年份	董事平均年龄（岁）	有效样本数	样本公司数
2006	48.760	13975	1458
2007	49.056	15084	1571
2008	49.401	16103	1626
2009	49.627	17309	1774
2010	49.779	20390	2129
2011	50.218	23152	2363
2012	50.830	25162	2492
2013	51.314	26392	2536

表 3-9 报告了董事性别构成分析。2006~2007 年，女性董事比例呈现出逐年上升的趋势。2006 年女性董事在董事会中占据 9.908% 的席位。2013 年，女性董事在董事会中的比例上升至 12.846%。虽然女性董事的比例逐年上升，但是总体而言，女性董事在董事会中所占的席位偏少，话语权较弱。

表 3-9 董事性别构成：女性董事人数每年的平均比重

年份	女性董事人数	占所有董事比例（%）	有效样本数	有效公司数
2006	1390	9.908	14029	1458
2007	1535	10.009	15336	1572
2008	1666	10.322	16141	1626
2009	1867	10.748	17370	1774
2010	2355	11.467	20537	2129
2011	2832	12.190	23233	2363
2012	3180	12.638	25162	2492
2013	3390	12.846	26390	2536

3.4 董事会专业委员会

表 3-10 是审计、提名、薪酬、战略委员会主席由独立董事担任的情况分析。在审计委员会方面，绝大部分上市公司的独立董事担任了审计委员会的主席。2006 年和 2012 年，全部有效样本的审计委员会主席均由独立董事担任；除 2007 年，审计委员会主席由独立董事担任的比例较低，为 94.479% 之外，在其他年份，审计委员会主席由独立董事担任的比例均高于 97%。在提名委员会方面，90% 以上的有效样本公司在 2006～2012 年由独立董事担任提名委员会主席。2007 年，90.000% 的提名委员会主席由独立董事担任，所占比例最低；2013 年，95.472% 的提名委员会主席具有独立董事身份，所占比例最高。在薪酬委员会方面，91% 以上的薪酬委员会主席由独立董事担任。独立董事担任薪酬委员会主席的比例在 2007 年最低，为 91.195%；在 2013 年最高，为 97.834%。战略委员会主席由独立董事担任的比例较低，只有 7% 以上的公司能够保证战略委员会主席是独立董事。独立董事担任战略委员会主席的比例在 2011 年最低，为 7.113%；在 2007 年最高，为 14.583%。总体而言，在审计、提名、薪酬、战略四大委员会中，独立董事在审计委员会中担任主席的情况最常见，在薪酬委员会、提名委员会担任主席的情况次之，而战略委员会主席由独立董事担任的情况较少。

表 3-10 审计、提名、薪酬、战略委员会主席由独立董事担任情况

		2006	2007	2008	2009	2010	2011	2012	2013
审计委员会	主席由独立董事担任的公司数	58	154	192	182	227	240	224	278
	有效样本公司数	58	163	197	185	230	245	224	283
	所占比例（%）	100.000	94.479	97.462	98.378	98.696	97.959	100.000	98.233
提名委员会	主席由独立董事担任的公司数	46	126	170	154	198	212	206	253
	有效样本公司数	49	140	184	163	211	225	216	265
	所占比例（%）	93.878	90.000	92.391	94.479	93.839	94.222	95.370	95.472
薪酬委员会	主席由独立董事担任的公司数	62	145	182	172	223	234	223	271
	有效样本公司数	64	159	192	179	230	241	228	277
	所占比例（%）	96.875	91.195	94.792	96.089	96.957	97.095	97.807	97.834

续表

		2006	2007	2008	2009	2010	2011	2012	2013
战略委员会	主席由独立董事担任的公司数	5	21	16	14	25	17	16	20
	有效样本公司数	50	144	183	164	206	239	224	266
	所占比例（%）	10.000	14.583	8.743	8.537	12.136	7.113	7.143	7.519
	每年公司数	305	604	871	725	900	1121	1075	1205

除了审计、提名、薪酬、战略委员会之外，上市公司通常还会设立其他委员会。表3-11报告了四大委员会之外的其他委员会（财务委员会、风险委员会、人事委员会、投资委员会、预算委员会、其它委员会）设立情况。"其他委员会"是相对审计、提名、薪酬、战略委员会而言的，而"其它委员会"包含在"其他委员会"中，是相对于财务委员会、风险委员会、人事委员会、投资委员会、预算委员会而言的。

表3-11 上市公司在审计、提名、薪酬、战略委员会之外设立其他委员会的情况

年度	2006	2007	2008	2009	2010	2011	2012	2013
设立财务委员会公司数	6	6	1	0	2	0	2	1
占其他委员会比例（%）	12.766	7.895	5.263	0.000	8.696	0.000	11.111	3.571
占年公司数比例（%）	11.321	6.061	0.216	0.000	0.431	0.000	0.431	0.216
设立风险委员会公司数	4	16	4	4	7	6	6	9
占其他委员会比例（%）	8.511	21.053	21.053	28.571	30.435	26.087	33.333	32.143
占年公司数比例（%）	7.547	16.162	0.862	0.862	1.509	1.293	1.293	1.940
设立人事委员会公司数	3	6	1	0	2	0	0	3
占其他委员会比例（%）	6.383	7.895	5.263	0.000	8.696	0.000	0.000	10.714
占年公司数比例（%）	5.660	6.061	0.216	0.000	0.431	0.000	0.000	0.647
设立投资委员会公司数	10	17	3	3	5	5	1	5
占其他委员会比例（%）	21.277	22.368	15.789	21.429	21.739	21.739	5.556	17.857
占年公司数比例（%）	18.868	17.172	0.647	0.647	1.078	1.078	0.216	1.078
设立预算委员会公司数	4	5	2	0	1	3	2	2
占其他委员会比例（%）	8.511	6.579	10.526	0.000	4.348	13.043	11.111	7.143
占年公司数比例（%）	7.547	5.051	0.431	0.000	0.216	0.647	0.431	0.431
设立其它委员会公司数	20	26	8	7	6	9	7	8
占其他委员会比例（%）	42.553	34.211	42.105	50.000	26.087	39.130	38.889	28.571
占年公司数比例（%）	37.736	26.263	1.724	1.509	1.293	1.940	1.509	1.724
其他委员会设立合计	47	76	19	14	23	23	18	28
年样本公司数	53	99	464	464	464	464	464	464
其他委员会设立比例（%）	88.679	76.768	4.095	3.017	4.957	4.957	3.879	6.034

注："其他委员会"指在上市公司中，除了审计、提名、薪酬、战略委员会之外的其他专业委员会。"其它委员会"指上市公司设立的其他委员会中，除财务、风险、人事、投资、预算委员会之外，成立的其他委员会的总称，比如航空安全委员会、期货监督委员会、预算委员会、科技委员会、生产技术管理委员会、投资管理委员会等。其他委员会设立比例=其他委员会设立合计/年样本公司数。

上市公司设立其他委员会的比例总体偏低。2006~2013年，其他委员会设立比例变化幅度较大。2006年和2007年，其他委员会设立比例分别为88.679%和76.768%。2008~2013年，其他委员会设立比例在3%~7%之间。

在财务委员会方面，6家公司在2006年、2007年设立了财务委员会，分别占有效样本公司的11.321%和6.061%；在2009年和2011年，样本公司均未设立财务委员会。在风险委员会方面，16家样本公司于2007年设立了风险委员会，占有效样本公司的16.162%；在2006年、2008年、2009年，均有4家样本公司设立了风险委员会，分别占有效样本公司的7.547%、0.862%和0.862%。在人事委员会方面，6家公司于2007年设立了人事委员会，占有效样本公司的6.061%；在2009年、2011年、2012年，样本公司均未设立人事委员会。在投资委员会方面，2006年和2007年分别有10家、17家公司设立了投资委员会，是样本区间内设立投资委员会最多的年份；2012年有1家公司设立了投资委员会，占有效样本公司的0.216%。在预算委员会方面，表现较好的年份是2006年、2007年、2011年，分别有7.547%、5.051%和0.647%的有效样本公司建立了预算委员会；2009年，在有效样本公司中，没有公司设立预算委员会。总体而言，上市公司设立其他委员会的数量较少，说明上市公司对审计、提名、薪酬、战略委员会之外的其他委员会并不重视。但上市公司设立其他委员会的种类繁多，表明上市公司依据公司具体的经营环境和业务特征，有针对性地建设其他委员会。风险委员会和投资委员会是上市公司较常设立的其他委员会。

3.5 董事会会议

表3-12是董事会会议次数情况。样本上市公司在2006~2013年的董事会会议次数在8~9次。2006年、2009年、2010年，董事会会议次数分别为8.042次、8.333次、8.732次。其余年份，样本上市公司召开的董事会会议次数平均为9次左右。

表3-12 2006~2013年董事会会议次数情况

年度 董事会会议	2006	2007	2008	2009	2010	2011	2012	2013
董事会年均会议次数	8.042	9.587	9.599	8.333	8.732	9.320	9.389	9.025
有效样本公司数	1454	1570	1625	1773	2129	2363	2491	2536

3.6 独立董事出席会议

表3-13汇报了独立董事出席董事会会议的年度分析。独立董事委托出席会议的比重在2006~2013年呈现出不断下降的趋势。2006年,独立董事委托出席董事会会议的平均比例为6.589%;2013年,委托出席董事会会议的独立董事所占比例为2.783%。在2006~2013年,独立董事缺席董事会会议的情况较少出现。2006年和2007年,独立董事缺席董事会会议的比例分别为1.563%和1.362%。2008~2013年,独立董事缺席董事会会议的比例均不超过1%。在2011~2013年,缺席董事会会议的独立董事所占比例在0.3%以下。总体而言,独立董事在参加董事会方面普遍能够勤勉尽责。

表3-13 2006~2013年独立董事出席会议年度分析

	2006	2007	2008	2009	2010	2011	2012	2013
独立董事委托出席会议平均比例(%)	6.589	5.792	4.403	3.934	3.619	3.124	2.950	2.783
有效样本数	5185	5805	6335	6414	7621	8571	7908	8232
委托数据缺失数	4	6	2	8	13	3	1091	1401
独立董事缺席会议平均比例(%)	1.563	1.362	0.769	0.461	0.347	0.264	0.226	0.249
有效样本数	5185	5805	6335	6414	7621	8571	7919	8217
缺席数据缺失数	4	6	2	8	13	3	1080	1416
样本公司数	1455	1570	1625	1774	2129	2363	2492	2536

3.7 独立董事意见发表

独立董事制度旨在维护董事职能行使过程中的公平以及科学决策。独立董事在上市公司中的职责履行主要体现在独立董事针对董事会议案所发表的意见。表3-14是独立董事意见发表的事项分布。在2006~2013年,独立董事主要针对人事变动事项、董事和高级管理人员的薪酬事项、年度报告事项、关联交易事项、担保事项、投资收购事项、审计事项、股权变动事项、募集资金事项、资产变动事项、股权分置改革调整方案等事项、其他事项等问题发表专业意见。

表3-14 独立董事意见发表的事项分布

意见事项＼年份	2006	2007	2008	2009	2010	2011	2012	2013
人事变动事项	515	812	1089	1101	2290	2786	2832	3725
董事和高级管理人员的薪酬事项	73	108	289	298	751	1252	1449	2159
年度报告事项	253	194	232	323	508	672	1426	1845
关联交易事项	1072	1480	2113	1854	2293	2352	2966	3246
担保事项	430	765	934	1306	926	1176	1362	1551
投资收购事项	76	136	130	168	182	340	384	441
审计事项	115	209	26	60	59	58	46	73
股权变动事项	61	53	28	61	46	19	41	22
募集资金事项	76	196	450	460	1263	1805	2034	2953
资产变动事项	61	66	45	108	197	173	244	471
股权分置改革调整方案等事项	1020	99	60	17	7	4	5	4
其他事项	104	103	531	915	2534	3387	4695	5803
有效样本数	3856	4221	5927	6671	11056	14024	17484	22293
样本公司数	1247	1189	1302	1321	1970	2174	2394	2480

2006年，独立董事意见发表最多的三类事项分别是关联交易事项、股权分置改革调整方案等事项以及人事变动事项，分别有1072次、1020次和515次意见；独立董事意见发表最少的三类事项分别是股权变动事项、资产变动事项、董事和高级管理人员的薪酬事项，分别有61次、61次和73次意见发表。2007年，独立董事在关联交易事项、人事变动事项、担保事项中发表的意见最多，在股权变动事项、资产变动事项、股权分置改革调整方案等事项中发表的意见最少。

2008～2009年，独立董事在关联交易事项、人事变动事项、担保事项中发表的意见最多。2008年，独立董事在审计事项、股权变动事项、资产变动事项中发表的意见最少。2009年，独立董事在股权变动事项、审计事项、股权分置改革调整方案等事项中发表了最少的意见。

2010～2013年，独立董事意见发表的极值情况基本保持一致，即独立董事在关联交易事项、人事变动事项、其他事项中发表了最多的专业意见，而在股权分置改革调整方案等事项、股权变动事项、审计事项中发表了最少的专业意见。

独立董事在股权分置改革调整方案等事项中发表意见的次数在2006～2013年基本呈现下降的趋势，主要源于2006年股权分置改革的推动进程。总体而言，独立董事发表意见较多的事项主要集中于关联交易事项、人事变动事项、其他事项和担保事项，而在股权变动事项、审计事项、资产变动事项中，独立董事发表的意见较少。

表 3-15 是独立董事意见发表的类别分布。在 2006~2013 年，独立董事发表的同意意见在意见类型中占据了绝大部分比重。2006 年、2007 年，独立董事发表同意意见的数量占全部独立董事意见的比例分别为 94.867% 和 86.591%。2008~2013 年，独立董事出具同意意见的比例均超过 99%。

表 3-15 独立董事意见发表的类别分布

年份 意见类型	2006		2007		2008		2009	
	数量	比例（%）	数量	比例（%）	数量	比例（%）	数量	比例（%）
同意	3992	94.867	3655	86.591	5910	99.696	6655	99.760
保留意见	18	0.428	2	0.047	1	0.017	1	0.015
反对意见	32	0.760	7	0.166	6	0.101	5	0.075
提出异议	18	0.428	10	0.237	2	0.034	2	0.030
无法发表意见	7	0.166	3	0.071	7	0.118	1	0.015
弃权	53	1.260	10	0.237	1	0.017	5	0.075
其他	88	2.091	534	12.651	1	0.017	2	0.030
有效样本数	4208	100.000	4221	100.000	5928	100.000	6671	100.000
样本公司数	1247	—	1189	—	1302	—	1321	—
年份 意见类型	2010		2011		2012		2013	
	数量	比例（%）	数量	比例（%）	数量	比例（%）	数量	比例（%）
同意	13901	99.663	18472	99.919	21598	99.820	29324	99.908
保留意见	4	0.029	1	0.005	0	0.000	4	0.014
反对意见	14	0.100	7	0.038	6	0.028	5	0.017
提出异议	0	0.000	0	0.000	1	0.005	1	0.003
无法发表意见	1	0.007	0	0.000	5	0.023	2	0.007
弃权	23	0.165	6	0.032	24	0.111	13	0.044
其他	5	0.036	1	0.005	3	0.014	2	0.007
有效样本数	13948	100.000	18487	100.000	21637	100.000	29351	100.000
样本公司数	1970	—	2174	—	2394	—	2480	—

2006~2007 年，除了同意意见之外，独立董事在投票中弃权的情况相对较多，2006 年有 53 次，2007 年有 10 次。2006 年，独立董事表示无法发表意见、提出异议、提出保留意见的情况较少。2007 年，独立董事提出保留意见、反对意见以及无法发表意见的情况出现得较少。2008 年，除了同意意见，独立董事出具的无法发表意见、反对意见的情况较多，分别为 7 次和 6 次；独立董事发表

保留意见、弃权以及其他意见较少,均为 1 次。2009~2013 年,独立董事出具的意见中,反对意见和弃权的情况较多,而提出异议、无法发表意见、保留意见、其他的情况较少。总体而言,独立董事发表的同意意见最多,弃权的情况也较常出现,但是发表保留意见、无法发表意见的情况较少,表明我国上市公司独立董事倾向于发表同意意见,相对于保留意见和无法发表意见,独立董事做"和事佬"的意愿更为强烈,而不愿意轻易针对董事会议案提出不同意见。

3.8 董事薪酬

表 3-16 汇报了 2006~2013 年董事年均津贴情况。由表 3-16 可知,董事每年的平均津贴在 2006~2013 年呈现出增长的趋势。2006 年,董事的平均津贴约为 23839 元。2013 年,董事的年均津贴约为 39819 元。董事平均津贴在样本区间虽然呈现出逐渐增长的趋势,但是总体还处于较低水平。中国上市公司应合理确定董事的津贴水平,提高董事薪酬对董事行为的正向影响效应。

表 3-16 2006~2013 年董事年均津贴情况

年度	董事全年的平均津贴(元)	有效样本数	字段缺失数	样本公司数
2006	23839.851	8975	5054	1458
2007	28036.734	9724	5415	1572
2008	31146.892	10483	5660	1626
2009	34370.122	10810	6560	2129
2010	35761.915	12821	7717	1774
2011	37693.818	14477	8756	2363
2012	39622.645	15340	9812	2491
2013	39819.485	15814	10578	2536

表 3-17 是 2006~2013 年董事年均持股情况分析。由表 3-17 可知,2006~2013 年,董事年均持股呈现出不断增长的态势。2006 年,董事的平均持股数量约为 416430.1 股;董事的平均持股数量在 2013 年增长至 3905612.9 股。上市公司所有权与控制权的分离在一定程度上导致了股东与董事、股东与经理之间的双重委托代理问题,董事持股有效促进了董事与股东之间的利益融合,有助于推动上市公司的良好发展。

表 3-17 2006~2013年董事年均持股情况

年度 董事年均持股	董事每年的平均持股数量（股）	有效样本数	字段缺失数	样本公司数
2006	416430.1	12437	1592	1458
2007	667868.03	12876	2263	1572
2008	1067098.9	13600	2543	1626
2009	1373978.6	15096	2274	2129
2010	2151054.7	18231	2307	1774
2011	2967809.7	21971	1262	2363
2012	3268075.3	25141	11	2491
2013	3905612.9	24890	1502	2536

3.9 董事及董事相关人员持股变动

董事及其关联方持股变动的数量和方向在一定程度上反映了董事对上市公司前景的判断，是分析上市公司治理质量及发展能力的重要指标。董事相关人员包括董事的父母、董事的配偶、董事的子女、董事的兄弟姐妹、受控法人、上市公司的关联人、上市公司股东的关联人、其他关联人等。董事相关人员涵盖与董事、上市公司有关联的人员或机构。董事在进行公司决策的时候，不仅会考虑到自身所持公司股票的多寡，同样会考虑到董事相关人员的持股损益情况。因此，分析董事持股情况应同时分析董事本人及其关联方的持股。

表 3-18 给出了上市公司董事及其关联方持股变动数量分板块的均值变动情况。董事及其关联方的持股数量变动包括正向变动（增持）和负向变动（减持）两种情况。2006 年，董事及其关联方的持股变动发生在主板上市公司中，其中正向变动约为 159839 股，负向变动约为 107768 股。2007~2008 年，董事及其关联方的持股变动主要发生在主板上市公司和中小板上市公司中，主板的正向变动程度强于中小板，但主板的负向变动程度弱于中小板。2009~2012 年，董事及其关联方持股正向变动与负向变动程度的顺序保持了一致性，即主板、中小板、创业板上市公司的董事及其关联方持股正向变动程度依次减弱，董事及其关联方持股的负向变动程度由强至弱的顺序依旧是主板、中小板、创业板。2013 年，主板上市公司董事及其关联方持股正向变动的平均水平均为 1146861 股，基本与负向变动的程度相当（1125105 股）。中小板上市公司董事及其关联方持股负向

变动的程度（约为1221037股）明显高于正向变动（约为231147股）。创业板上市公司的董事及其关联方持股的负向变动程度也明显强于正向变动，其中负向变动约为717292股，正向变动约为375097股。

表3-18 上市公司董事及其关联方持股变动数量均值：主板、中小板、创业板对比分析

持股变动 \ 年度	2006		2007	
董事及其关联方持股数量变动均值	正向变动	负向变动	正向变动	负向变动
主板	159839.717	-107768.488	230658.976	-109088.383
中小板	0.000	0.000	19390.566	-189485.036
创业板	0.000	0.000	0.000	0.000

持股变动 \ 年度	2008		2009	
董事及其关联方持股数量变动均值	正向变动	负向变动	正向变动	负向变动
主板	323577.407	-89714.417	852220.068	-218565.099
中小板	125576.612	-156031.859	26996.080	-23473.839
创业板	0.000	0.000	1750.000	0.000

持股变动 \ 年度	2010		2011	
董事及其关联方持股数量变动均值	正向变动	负向变动	正向变动	负向变动
主板	629483.006	-414092.796	690154.779	-723442.282
中小板	74911.287	-374916.426	162155.344	-585246.068
创业板	3633.333	-143651.899	49472.598	-374794.247

持股变动 \ 年度	2012		2013	
董事及其关联方持股数量变动均值	正向变动	负向变动	正向变动	负向变动
主板	1715156.234	-986988.885	1146861.093	-1125105.202
中小板	193055.295	-815340.446	231147.844	-1221037.427
创业板	122583.388	-352239.758	375097.825	-717292.315

注：正向变动表明董事及其关联方增持上市公司股份，负向变动表明董事及其关联方减持上市公司股份。

总体而言，主板上市公司董事及其关联方持股数量正向变动程度大于中小板和创业板上市公司，主板上市公司董事及其关联方持股变动负向程度在多数年份也超过中小板上市公司和创业板上市公司，但中小板上市公司董事及其关联方的负向变动程度也需引起足够重视。

表 3-19 是上市公司董事及其关联方持股数量变动分股票类型的对比分析。2006 年，AH 股上市公司的董事及其关联方增持上市公司股票的幅度最大，约为 368234 股；A 股上市公司次之，约为 163148 股；B 股上市公司最小，约为 5678 股。2006 年 B 股和 AH 股上市公司的董事及其关联方并未减持上市公司股票，A 股上市公司的董事及其关联方的平均减持幅度约为 107768 股。2007～2008 年，A 股上市公司董事及其关联方持股数量的正向变动程度最大，AH 股上市公司次之，B 股上市公司最小；A 股上市公司董事及其关联方持股的负向变动程度也最大，AH 股和 B 股上市公司相对较小。在 2009 年、2011 年，董事及其关联方持股正向变动程度由大到小依次为 AH 股、A 股和 B 股；在董事及其关联方持股负向变动方面，B 股上市公司的减持程度在 2009 年度最小，AH 股的减持程度在 2011 年最小。在 2010 年、2012 年、2013 年，A 股上市公司的董事及其关联方持股正向变动程度最大，AH 股和 B 股相对较低；A 股上市公司的董事及其关联方减持上市公司股份的程度在 2010 年、2012 年最大，但在 2013 年则低于 AH 股上市公司。总体而言，不管是正向变动，还是负向变动，A 股上市公司董事及其关联方持股变动程度高于 B 股上市公司。

表 3-19　上市公司董事及其关联方持股变动数量均值：A 股、B 股、AH 股对比分析

持股变动　　　　　年度	2006		2007	
董事及其关联方持股数量变动均值	正向变动	负向变动	正向变动	负向变动
A 股	163148.583	-107768.488	222434.963	-135552.090
B 股	5678.400	0.000	6242.219	-11070.178
AH 股	368234.600	0.000	30049.000	-17991.000
持股变动　　　　　年度	2008		2009	
董事及其关联方持股数量变动均值	正向变动	负向变动	正向变动	负向变动
A 股	295774.791	-127562.314	633073.718	-206780.735
B 股	20229.100	-10503.889	12850.333	-10438.654
AH 股	209287.321	-2255.000	1102980.000	-2932572.167
持股变动　　　　　年度	2010		2011	
董事及其关联方持股数量变动均值	正向变动	负向变动	正向变动	负向变动
A 股	448889.204	-372644.835	345412.759	-580822.494
B 股	87993.238	-92438.480	11958.739	-32827.692
AH 股	79681.000	-84808.000	1707101.774	-7715.000

续表

持股变动 年度	2012		2013	
董事及其关联方持股数量变动均值	正向变动	负向变动	正向变动	负向变动
A 股	849912.938	-715095.291	697677.353	-1030670.496
B 股	85304.857	-24047.800	610187.500	-35127.500
AH 股	103051.034	-1600.000	588103.750	-1452685.000

上市公司董事及其关联方持股变动主要发生在董事本人、董事亲属以及受控法人方面。表3-20给出了主板、中小板、创业板上市公司董事及其关联方持股变动人员类别分析。2006年，董事本人增持主板上市公司股份的平均水平约为159839股，减持主板上市公司股份的平均水平约为107768股。2007年，董事本人针对主板上市公司股票的变动幅度均大于中小板上市公司；但董事亲属、受控法人在中小板上市公司股票买卖中的变动幅度均高于主板上市公司。2008年，董事本人增持主板上市公司股票的幅度大于中小板上市公司，但减持主板上市公司股票的程度小于中小板上市公司；董事亲属针对中小板上市公司股票的增减幅度均高于主板上市公司。2009年，董事本人及亲属在主板上市公司股票买卖中的增减幅度均高于中小板和创业板上市公司。2010~2011年，董事本人增持主板上市公司股票的程度高于中小板和创业板上市公司；但董事本人减持中小板上市公司股票的程度则高于主板和创业板上市公司；董事亲属在中小板上市公司股票增减方面的变动幅度均高于主板和创业板上市公司；受控法人减持主板上市公司股票的幅度均高于中小板和创业板上市公司。2012年，董事本人持股变动幅度由大到小的顺序依次是主板、中小板和创业板上市公司；董事亲属则更倾向于买卖中小板上市公司股票；受控法人在主板上市公司股票的变动程度最大。2013年，董事本人和董事亲属均倾向于增持主板上市公司股票，而减持中小板上市公司股票；受控法人则表现出增持中小板上市公司股票，而卖出主板上市公司股票的意愿。

表3-20 上市公司董事及其关联方持股变动（主板、中小板、创业板）：变动人员类别分析

持股变动		年度	2006		2007	
		股份变动人员关系分析	正向变动	负向变动	正向变动	负向变动
董事本人		主板	159839.717	-107768.488	440702.929	-145371.826
		中小板	0.000	0.000	32307.692	-127274.835
		创业板	0.000	0.000	0.000	0.000

续表

持股变动	年度	2006		2007	
董事亲属	主板	0.000	0.000	4621.827	-9749.248
	中小板	0.000	0.000	15192.500	-96787.550
	创业板	0.000	0.000	0.000	0.000
受控法人	主板	0.000	0.000	0.000	0.000
	中小板	0.000	0.000	280000.000	-2027200.100
	创业板	0.000	0.000	0.000	0.000
其他	主板	0.000	0.000	0.000	0.000
	中小板	0.000	0.000	0.000	0.000
	创业板	0.000	0.000	0.000	0.000

持股变动	年度	2008		2009	
	股份变动人员关系分析	正向变动	负向变动	正向变动	负向变动
董事本人	主板	446008.326	-118809.479	1392392.545	-279321.425
	中小板	233383.708	-153717.961	126169.048	-26795.192
	创业板	0.000	0.000	1500.000	0.016
董事亲属	主板	7105.031	-6502.540	8792.868	-17440.710
	中小板	9724.209	-87466.802	4110.011	-13468.808
	创业板	0.000	0.000	2000.000	4.000
受控法人	主板	0.000	0.000	0.000	0.000
	中小板	0.000	-492263.000	0.000	-31718.250
	创业板	0.000	0.000	0.000	0.000
其他	主板	0.000	0.000	0.000	0.000
	中小板	0.000	0.000	0.000	0.000
	创业板	0.000	0.000	0.000	0.000

持股变动	年度	2010		2011	
	股份变动人员关系分析	正向变动	负向变动	正向变动	负向变动
董事本人	主板	788651.970	-242412.457	803546.124	-405617.239
	中小板	212371.952	-364673.050	214415.162	-491757.546
	创业板	11425.000	-150814.684	104651.429	-459364.071

续表

持股变动		年度	2010		2011	
董事亲属	主板		6851.471	-7927.578	27426.939	-119170.915
	中小板		162690.000	-176547.805	85288.792	-668644.033
	创业板		1800.000	-112283.721	3764.839	-120211.085
受控法人	主板		0.000	-2355531.297	708573.481	-3054354.233
	中小板		320932.700	-913433.513	337469.348	-1018612.147
	创业板		0.000	-248157.778	169124.429	-324076.059
其他	主板		0.000	0.000	0.000	0.000
	中小板		0.000	0.000	0.000	0.000
	创业板		0.000	0.000	0.000	0.000

持股变动		年度	2012		2013	
	股份变动人员关系分析		正向变动	负向变动	正向变动	负向变动
董事本人	主板		1913215.081	-1017969.829	1239132.876	-329618.720
	中小板		238129.012	-788986.230	231794.599	-1148648.532
	创业板		145745.000	-464534.581	494753.177	-785727.973
董事亲属	主板		28423.658	-114518.095	202319.853	-104354.514
	中小板		39085.163	-391085.720	175271.784	-866489.997
	创业板		4971.667	-115948.274	157059.971	-314718.115
受控法人	主板		708608.690	-4925618.333	195718.800	-22848950.714
	中小板		251433.087	-1358325.357	364648.404	-2533633.949
	创业板		318690.320	-217750.385	142579.667	-730255.420
其他	主板		0.000	0.000	0.000	0.000
	中小板		0.000	-500.000	0.000	0.000
	创业板		0.000	0.000	0.000	0.000

注:"董事亲属"包括董事的父母、董事的配偶、董事的子女、董事的兄弟姐妹;"其他"包括上市公司的关联人、上市公司股东的关联人、其他关联人等。

表3-21是A股、B股、AH股上市公司董事及其关联方持股变动的人员类别分析。2006~2007年,董事本人持有的A股股票变动程度均大于B股和AH股上市公司。2006年,董事亲属、受控法人均没有发生持股变动。2007年,董事亲属倾向于买入AH股上市公司股票,而倾向于卖出A股上市公司股票;受控

法人在 2007 年平均增持 280000 股 A 股上市公司股票,平均减持约 2027200 股 A 股上市公司股票。2008~2009 年,董事本人在 A 股、AH 股上市公司股票方面的平均增持量较大。董事本人于 2008 年平均减持了约 139205 股 A 股,是减持幅度最高的股票种类,而在 2009 年平均减持了最多的 AH 股,约为 5024180 股;董事亲属在 2008~2009 年增持的股票种类由高到低依次为 B 股、A 股、AH 股,而减持的股票种类最多的为 A 股,B 股次之,减持最少的为 AH 股;受控法人在 2008~2009 年平均减持的 A 股股票数量最多。2010 年,董事本人倾向于增持的股票种类依次为 A 股、B 股、AH 股;而董事亲属倾向于增持的股票种类依次为 B 股、AH 股、A 股;受控法人在 2010 年仅在 A 股上市公司股票中发生了持股增减变动。2010 年,董事本人、董事亲属在股票减持方面,均选择了减持较多的 A 股,而减持较少的 AH 股。2011 年,董事本人在 AH 股股票买入方面平均交易量最大;董事亲属则选择增持的股票类别依次是 A 股、B 股、AH 股。董事本人、董事亲属在 2011 年均选择减持较多的 A 股和 B 股,而减持较少的 AH 股。2012 年,董事本人、董事亲属最愿意增持的股票种类为 A 股;而受控法人则更倾向于增持 B 股上市公司股票。董事本人、董事亲属、受控法人在 2012 年减持了最多的 A 股上市公司股票。2013 年,董事本人、董事亲属、受控法人增持了最多的 A 股上市公司股票。在股票负向变动方面,董事本人、董事亲属、受控法人于 2013 年分别减持了最多的 AH 股、A 股、A 股上市公司股票。

表 3-21 上市公司董事及其关联方持股变动(A 股、B 股、AH 股):
变动人员类别分析

持股变动	年度 股份变动人员关系分析	2006		2007	
		正向变动	负向变动	正向变动	负向变动
董事本人	A 股	163148.583	-107768.488	451959.560	-145348.277
	B 股	5678.400	0.000	7950.077	-9141.654
	AH 股	5678.400	0.000	36706.833	-3536.500
董事亲属	A 股	0.000	0.000	3963.761	-2027200.100
	B 股	0.000	0.000	5073.684	-13709.211
	AH 股	0.000	0.000	16733.333	-46900.000
受控法人	A 股	0.000	0.000	280000.000	-2027200.100
	B 股	0.000	0.000	0.000	0.000
	AH 股	0.000	0.000	0.000	0.000

续表

持股变动	年度 股份变动人员关系分析	2008 正向变动	负向变动	2009 正向变动	负向变动
董事本人	A 股	431205.434	-139205.527	1314724.753	-195654.731
	B 股	39110.250	-3443.000	19271.800	-17060.727
	AH 股	342708.529	0.000	1378037.500	-5024180.000
董事亲属	A 股	7583.517	-46136.378	6505.596	-124742.397
	B 股	7641.667	-16152.600	8263.571	-5582.467
	AH 股	3090.909	0.000	2750.000	-4321.200
受控法人	A 股	0.000	-492263.000	0.000	-1266361.778
	B 股	0.000	0.000	0.000	0.000
	AH 股	0.000	0.000	0.000	0.000

持股变动	年度 股份变动人员关系分析	2010 正向变动	负向变动	2011 正向变动	负向变动
董事本人	A 股	750765.742	-331763.257	504460.230	-472099.373
	B 股	172855.800	-121804.444	9409.438	-72712.000
	AH 股	103228.000	-115411.429	1889551.964	0.000
董事亲属	A 股	6614.585	-130792.769	56592.680	-486987.685
	B 股	10066.667	-16926.000	17785.714	-7900.000
	AH 股	9040.000	-13400.000	4233.333	-7715.000
受控法人	A 股	320932.700	-1289386.976	457203.453	-1318718.638
	B 股	0.000	0.000	0.000	0.000
	AH 股	0.000	0.000	0.000	0.000

持股变动	年度 股份变动人员关系分析	2012 正向变动	负向变动	2013 正向变动	负向变动
董事本人	A 股	1144996.226	-750505.271	902387.163	-890699.525
	B 股	29693.875	-1619.500	697328.571	-310.000
	AH 股	127473.043	0.000	672061.429	-1660182.857
董事亲属	A 股	29399.085	-279359.220	178415.886	-671983.843
	B 股	10575.000	-39000.000	200.000	-200.000
	AH 股	9433.333	-1600.000	400.000	-200.000

续表

持股变动		年度	2012		2013	
受控法人	A股		347412.097	-1076389.827	341404.492	-2674319.521
	B股		1274000.000	0.000	0.000	-70000.000
	AH股		0.000	0.000	0.000	0.000

注：由于"其他"类别数据量较少，故没有报告其A股、B股、AH股的分类结果。

表3-22是上市公司董事及其关联方持股数量变动原因的年度分析。2006年，董事及其关联方持股正向变动最多的前三个原因分别是股改对价支付、其他、二级市场买卖，但董事及其关联方并未因竞价交易、股权激励实施、增发配股、大宗交易、可转债转股而增持上市公司股票；董事及其关联方持股负向变动涉及的原因包括二级市场买卖、股改对价支付以及其他。2007年，董事及其关联方因二级市场买卖、股权激励实施、股改对价支付、公司增发新股时老股东配售、分红送转、其他原因而增持上市公司股票，因二级市场买卖、其他原因减持上市公司股票。2008~2009年，董事及其关联方持股增减变动的原因主要集中在竞价交易和二级市场买卖。2010~2011年，竞价交易、二级市场买卖、股权激励实施、大宗交易以及分红送转是董事及其关联方持股变动的主要原因。2012~2013年，董事及其关联方持股正向与负向变动的原因主要涉及竞价交易、二级市场买卖、股权激励实施、大宗交易、分红送转、公司增发新股时老股东配售、新股申购、增发配股以及其他。总体而言，竞价交易、二级市场买卖、大宗交易、公司增发新股时老股东配售、分红送转、其他是董事及其关联方持股增减变动的主要原因。

表3-22 上市公司董事及其关联方持股数量变动原因分年度分析

变动原因分析	2006		2007	
	正向变动	负向变动	正向变动	负向变动
竞价交易	0	0	0	0
二级市场买卖	19	41	375	1035
股权激励实施	0	0	10	0
增发配股	0	0	0	0
大宗交易	0	0	0	0
股改对价支付	118	1	12	0
公司增发新股时老股东配售	3	0	16	0

续表

	2006		2007	
变动原因分析	正向变动	负向变动	正向变动	负向变动
分红送转	1	0	33	0
新股申购	1	0	0	0
可转债转股	0	0	0	0
其他	24	1	19	14
合计	166	43	465	1049
	2008		2009	
变动原因分析	正向变动	负向变动	正向变动	负向变动
竞价交易	279	408	258	1437
二级市场买卖	319	436	86	349
股权激励实施	17	0	16	0
增发配股	1	0	0	0
大宗交易	0	13	0	54
股改对价支付	10	0	1	0
公司增发新股时老股东配售	5	0	5	0
分红送转	90	0	43	0
新股申购	0	0	0	0
可转债转股	0	0	1	0
其他	7	1	4	12
合计	728	858	414	1852
	2010		2011	
变动原因分析	正向变动	负向变动	正向变动	负向变动
竞价交易	300	1332	521	1266
二级市场买卖	102	192	114	160
股权激励实施	29	0	56	0
增发配股	0	0	0	0
大宗交易	5	136	12	275
股改对价支付	0	0	0	0
公司增发新股时老股东配售	2	0	1	0
分红送转	83	0	72	0
新股申购	0	0	0	0
可转债转股	0	0	0	0

续表

	2010		2011	
变动原因分析	正向变动	负向变动	正向变动	负向变动
其他	8	0	1	13
合计	529	1660	777	1714
	2012		2013	
变动原因分析	正向变动	负向变动	正向变动	负向变动
竞价交易	936	1089	585	1782
二级市场买卖	244	160	211	293
股权激励实施	29	0	73	11
增发配股	0	0	1	0
大宗交易	9	352	31	961
股改对价支付	0	0	0	0
公司增发新股时老股东配售	7	0	6	0
分红送转	53	0	17	0
新股申购	1	0	0	0
可转债转股	0	0	0	0
其他	6	10	7	9
合计	1285	1611	931	3056

3.10 本章小结

以 2006~2013 年在上海证券交易所和深圳证券交易所上市的 2663 家上市公司为样本，从董事变动、董事人物特征、董事会专业委员会、董事履职、董事薪酬与激励等方面，对中国上市公司董事会治理质量进行了分析，所得结论如下：

在董事长变更方面，工作调动、任期届满、辞职是中国上市公司董事长离任的主要原因，而涉案、解聘等非正常变动原因在离任原因中占据样本较少。离任董事长的离任年龄主要分布在 40~60 岁。董事长离任之后，继任董事长来自公司内部的比重高于公司外部。董事长职位变更时的学历主要分布在本科和硕士阶段，拥有博士学位或者位于中专层次的人员相对较少。

在董事年龄及性别构成方面，中国上市公司董事的年龄基本在 50 岁左右，但是，董事平均年龄有逐年上升的态势，表明上市公司在选聘董事时，越来越倾向于选择拥有丰富商业经验的知天命之年的人士。女性董事在董事会中所占的席位不足13%，仅具有有限的话语权。

在董事会专业委员会方面，独立董事担任审计委员会主席的情况最普遍，战略委员会由于涉及公司的长远发展和远期定位，由独立董事担任主席的情况较少。除审计、薪酬、提名、战略委员会之外，上市公司设立其他委员会的数量较少，但其他委员会的种类却很繁多。在董事会会议方面，上市公司董事会会议的平均召开次数在8~9次。

在独立董事方面，独立董事委托出席董事会会议的比重趋于下降，但独立董事在发表意见时，倾向于选择人事变动事项、年度报告事项、关联交易事项和募集资金事项。然而，不管独立董事对意见发表的事项具有何种选择，我国的独立董事在现阶段更倾向于发表同意意见，或者干脆弃权，在保留意见和无法发表意见方面，独立董事并不愿意过多涉及。

在董事薪酬方面，董事每年的平均津贴和年均持股均呈现出增长的态势，但董事薪酬的总体水平并不高。在董事及董事相关人员持股变动，主板上市公司（或A股上市公司）董事及其关联方的持股变动程度通常高于中小板和创业板上市公司（或B股上市公司）。董事在主板的持股变动程度高于董事亲属和受控法人，且董事正向持股变动的程度高于负向持股变动。竞价交易、二级市场买卖、大宗交易、公司增发新股时老股东配售、分红送转是董事及其关联方持股增减变动的主要原因。

第 4 章

中国上市公司董事会的内部控制功能

以2007~2013年披露内部控制自我评价报告、内部控制审计报告的公司为样本,分析中国上市公司的内部控制质量以及董事会治理的内部控制功能。

4.1 中国上市公司内部控制现状

内部控制在上市公司的良好运作中发挥着重要的作用。基于上市公司内部控制自我评价报告和审计报告,从内部控制报告披露、内部控制评价结论、内部控制缺陷、内部控制缺陷整改等方面分析上市公司内部控制的运行质量。

4.1.1 内部控制评价报告情况

表4-1汇报了上市公司内部控制评价报告披露情况。2007~2013年,披露内部控制评价报告的公司呈现逐年上升的趋势,这与中国内部控制法规的建立健全相吻合。2007年,1571家上市公司中只有171家公司披露了内部控制评价报告,所占比例为10.885%。2013年,99.915%的上市公司披露了内部控制评价报告。

表4-1 上市公司内部控制评价报告披露情况

是否披露内控评价报告 \ 年份	2007	2008	2009	2010	2011	2012	2013
是	171	742	902	1584	1861	2247	2358
否	1400	883	872	545	502	245	2
有效样本数	1571	1625	1774	2129	2363	2492	2360

续表

是否披露内控评价报告 \ 年份	2007	2008	2009	2010	2011	2012	2013
字段值缺失数	0	0	0	0	0	0	0
所占比例（%）	10.885	45.662	50.846	74.401	78.756	90.169	99.915

注：所占比例＝披露内部控制评价报告的公司数目/有效样本数。

表4-2是上市公司内部控制评价报告结论情况。《内部控制评价指引》中明确规定，"企业组织开展控制活动评价，应当以《企业内部控制基本规范》和各项应用指引中的控制措施为依据，结合本企业的内部控制制度，对相关控制措施的设计和运行情况进行认定和评价"。由表4-2可知，绝大部分披露内部控制评价报告的公司均在评价报告中明确指出公司内部控制是否存在缺陷。2007年、2008年，所有披露内部控制评价报告的有效样本公司均在评价报告中针对内部控制质量做出了明确的结论。2009～2013年，超过99%的有效样本公司均在内部控制评价报告中对公司内部控制质量做了明确认定。

表4-2　上市公司内部控制评价报告中出具明确内部控制结论的情况

是否出具内控评价报告结论 \ 年份	2007	2008	2009	2010	2011	2012	2013
是	171	739	897	1577	1853	2237	2355
否	0	0	1	4	1	6	2
有效样本数	171	739	898	1581	1854	2243	2357
字段值缺失数	1400	886	876	548	509	249	3
所占比例（%）	100.000	100.000	99.889	99.747	99.946	99.733	99.915

注：所占比例＝出具内部控制评价报告结论的公司数/有效样本数。

表4-3汇报了上市公司内部控制有效的情况。由表4-3可知，绝大部分上市公司在内部控制评价报告中认为公司的内部控制有效。2007～2009年，披露了内部控制评价报告的公司均认为公司已经建立了有效的内部控制。2010～2013年，超过99%的内部控制评价报告披露公司认为公司的内部控制有效。

表4-3 上市公司内部控制是否有效分析

内部控制 是否有效 \ 年份	2007	2008	2009	2010	2011	2012	2013
是	171	742	902	1581	1858	2239	2350
否	0	0	0	1	2	4	8
有效样本数	171	742	902	1582	1860	2243	2358
字段值缺失数	1400	883	872	547	503	249	2
所占比例（%）	100.000	100.000	100.000	99.937	99.892	99.822	99.661

注：所占比例=内部控制有效的公司数/有效样本数。

表4-4汇报了上市公司内部控制缺陷分析。内部控制缺陷与内部控制有效是两个不同的概念。即使上市公司的内部控制存在缺陷，上市公司的总体内部控制工作也并不一定无效。由表4-4可知，可知在披露内部控制评价报告的公司中，只有小部分公司披露了内部控制的缺陷情况。2007~2010年，披露内部控制缺陷的公司数量较少，所占比例分别为2.924%、2.291%、1.996%、4.738%。2011~2013年，披露内部控制缺陷的公司数量相比以前年度有了较大的增加，所占比例分别为10.102%、27.419%、22.689%，表明上市公司内部控制缺陷披露工作在逐渐完善。

表4-4 上市公司内部控制是否存在缺陷分析

内部控制是 否存在缺陷 \ 年份	2007	2008	2009	2010	2011	2012	2013
是	5	17	18	75	188	615	535
否	166	725	884	1508	1673	1628	1823
有效样本数	171	742	902	1583	1861	2243	2358
字段值缺失数	1400	883	872	546	502	249	2
所占比例（%）	2.924	2.291	1.996	4.738	10.102	27.419	22.689

注：所占比例=内部控制存在缺陷的公司数/有效样本数。

表4-5是上市公司针对内部控制缺陷的整改措施分析。由表4-5可知，内部控制缺陷整改措施数据的缺失情况较为严重。在具有内部控制缺陷整改措施数据的有效样本公司中，针对内部控制缺陷进行整改的公司占绝大部分比重。2007年、2008年、2009年、2012年、2013年，有效样本公司均针对内部控制缺陷提

出了相应的整改措施。2010~2011年,针对内部控制缺陷提出具体整改措施的有效样本公司所占比例分别为95.652%和97.849%。

表4-5 上市公司是否针对内部控制缺陷采取整改措施分析

是否采取整改措施	2007	2008	2009	2010	2011	2012	2013
是	5	16	18	66	182	613	534
否	0	0	0	3	4	0	0
有效样本数	5	16	18	69	186	613	534
字段值缺失数	1566	1609	1756	2060	2177	1879	1826
所占比例(%)	100.000	100.000	100.000	95.652	97.849	100.000	100.000

注:所占比例=财务整改措施的公司数/有效样本数。

4.1.2 内部控制审计报告情况

表4-6是上市公司内部控制审计报告分析。随着中国内部控制配套指引的颁布以及实施,上市公司出具内部控制审计报告的比例在逐年上升。2007年,仅有5.220%的上市公司聘请会计师事务所针对上市公司的内部控制进行审计。2013年,76.580%的上市公司均出具了内部控制审计报告。虽然出具内部控制审计报告的公司不断增加,但仍然还有较大比例的公司没有出具内部控制审计报告。上市公司应重视内部控制工作的重要性,积极出具经过审计的内部控制审计报告,证明公司内部控制工作的有效性。

表4-6 上市公司内部控制审计报告分析

是否披露内控审计报告	年份	2007	2008	2009	2010	2011	2012	2013
是		82	147	383	626	998	1511	1805
否		1489	1478	1391	1503	1365	981	552
有效样本数		1571	1625	1774	2129	2363	2492	2357
所占比例(%)		5.220	9.046	21.590	29.403	42.234	60.634	76.580

注:所占比例=披露内部控制审计报告的公司数/有效样本数。

表4-7汇报了上市公司内部控制审计报告的意见类型。在内部控制审计报告意见类型数据有效的公司中,绝大部分上市公司被出具了标准无保留意见,也

就是说，会计师事务所认为绝大部分上市公司的内部控制是有效的。2007年，97.561%的有效样本公司被出具了标准无保留意见，只有2家公司被出具了带事项段的无保留意见。2008~2011年，超过99%的有效样本公司被会计师事务所出具了标准无保留意见的内部控制审计报告。2012~2013年，仍然有超过97%的公司被出具了标准无保留意见的内部控制审计报告。2011年，1家公司被出具了否定意见的内部控制审计报告。2012年，5家上市公司的内部控制审计报告意见类型是否定意见。2013年，内部控制审计报告中被出具否定意见、带事项段的保留意见、无法表示意见的上市公司分别有12家、2家和1家。

表4-7 上市公司内部控制审计报告意见类型

内控审计报告意见类型 \ 年份	2007	2008	2009	2010	2011	2012	2013
标准无保留意见	80	146	382	625	993	1486	1754
无保留意见加事项段	2	1	1	1	4	20	36
否定意见	0	0	0	0	0	5	12
保留意见加事项段	0	0	0	0	0	0	2
无法表示意见	0	0	0	0	0	0	1
有效样本数	82	147	383	626	998	1511	1805
标准无保留意见比例（%）	97.561	99.320	99.739	99.840	99.499	98.345	97.175

注：标准无保留意见比例=被出具标准无保留意见的公司数/有效样本数。

表4-8给出了为样本上市公司开展内部控制审计报告业务的会计师事务所情况。表4-8以德勤、安永、普华永道、毕马威四大会计师事务所作为指标，分析上市公司聘用四大国际所的比重情况。在具有承接内部控制审计报告业务的会计师事务所数据的有效样本公司中，选择四大会计师事务所进行内部控制审计的上市公司并不多。2007~2009年，分别有3.750%、4.167%、3.561%的上市公司选择了四大会计师事务所。2010~2013年，选择四大会计师事务所进行内部控制审计业务的上市公司比重虽有所增加，但仍然只占少数，其比重分别为6.056%、9.276%、8.607%和8.038%。随着我国对注册会计师行业发展规划的不断推动，国内会计师事务所正在向规模化、国际化方向发展。在上市公司内部控制审计业务中，国内会计师事务所已经占据了一定的市场份额。

表4-8　上市公司聘用四大会计师事务所进行审计情况

是否选用四大 会计师事务所＼年份	2007	2008	2009	2010	2011	2012	2013
是	3	6	12	37	91	126	143
否	77	138	325	574	890	1338	1636
有效样本数	80	144	337	611	981	1464	1779
聘用四大的公司比重（%）	3.750	4.167	3.561	6.056	9.276	8.607	8.038

表4-9是上市公司内部控制审计报告签发地分析。2007~2013年，随着越来越多的公司出具内部控制审计报告，内部控制审计报告的签发地逐渐呈现出多元化态势，各签发地签发的内部控制审计报告数量也逐渐增加。2007年，北京签发了最多的内部控制审计报告，有43份；深圳和合肥次之，分别为9份和6份；昆明、济宁、石家庄、香港、沈阳、重庆、天津、无锡、上海均没有签发内部控制审计报告。2013年，北京、上海、杭州是签发内部控制审计报告最多的前三个地区，分别有975份、405份和181份；昆明、香港、沈阳、重庆、珠海、山东、临沂、深圳均未签发内部控制审计报告。总体而言，北京、上海、杭州是内部控制审计报告的主要签发地，而济宁、珠海、沈阳、重庆、昆明、香港签发的内部控制审计报告相对较少。

表4-9　上市公司内部控制审计报告签发地分析

签发地＼年份	2007	2008	2009	2010	2011	2012	2013
北京	43	83	212	393	559	852	975
成都	5	6	5	3	4	11	15
福州	3	3	6	4	9	15	18
广州	2	5	12	20	19	20	35
杭州	1	8	44	52	100	129	181
合肥	6	0	0	0	1	0	1
昆明	0	0	0	1	0	0	0
济南	1	2	4	3	4	8	23
济宁	0	0	0	0	0	0	1
临沂	2	1	1	3	5	6	0
南京	4	2	9	15	19	29	37
青岛	1	2	5	7	9	11	7

续表

签发地＼年份	2007	2008	2009	2010	2011	2012	2013
山东	1	2	2	3	2	3	0
上海	0	5	34	59	183	332	405
深圳	9	12	31	32	40	0	0
石家庄	0	0	0	1	2	4	6
沈阳	0	1	0	0	0	0	0
天津	0	0	3	5	3	11	19
无锡	0	2	7	3	15	21	28
武汉	2	9	5	11	15	24	33
西安	1	1	1	2	6	12	14
珠海	1	0	0	0	0	0	0
重庆	0	0	0	0	0	0	0
香港	0	0	0	2	0	0	0
有效样本数	82	145	381	619	995	1488	1798

4.1.3 内部控制评价报告缺陷情况

表4-10是上市公司内部控制缺陷类型统计。随着我国内部控制配套指引的颁布与实施，上市公司对内部控制缺陷类别以及缺陷信息的描述愈加完善。2009~2013年，上市公司披露的内部控制缺陷种类逐年增多。2009年，只有1家公司披露了一般内部控制缺陷。2010年，披露重大缺陷、重要缺陷、一般缺陷的公司个数分别为2家、1家和17家。2011~2013年，上市公司披露的一般缺陷是内部控制缺陷披露中最常见的缺陷类型，分别有86.842%、92.035%、85.575%的上市公司披露了内部控制一般缺陷。2011~2013年，重要缺陷的披露数量多于重大缺陷。披露重要缺陷的公司在2011~2013年的比例分别为10.526%、6.372%、8.967%，均高于重大缺陷的披露比例（2.632%、1.593%、5.458%）。

表4-10 上市公司内部控制缺陷类型统计

缺陷类型	2009		2010		2011		2012		2013	
	数量(个)	比例(%)	数量(个)	比例(%)	数量(个)	比例(%)	数量(个)	比例(%)	数量(个)	比例(%)
重大缺陷	0	0.000	2	10.000	4	2.632	9	1.593	28	5.458
重要缺陷	0	0.000	1	5.000	16	10.526	36	6.372	46	8.967
一般缺陷	1	100.000	17	85.000	132	86.842	520	92.035	439	85.575
有效样本数	1	100.000	20	100.000	152	100.000	565	100.000	513	100.000

表4-11汇报了上市公司内部控制缺陷个数统计情况。2009~2013年,上市公司内部控制缺陷个数主要集中于40个以下。2009年,缺陷个数主要分布在20个以下。2010年,5家上市公司披露了20个以下的内部控制缺陷,2家公司披露的内部控制缺陷数量在20个以上,40个以下。2011~2013年,分别有46家、119家、184家公司披露的内部控制缺陷数量在20个以下;而披露的内部控制缺陷数量在[20, 40)范围之内的上市公司分别有9家、22家和12家。内部控制缺陷数量超过40个的公司相对较少,2011~2013年,分别有9家、19家、4家上市公司。

表4-11 上市公司内部控制缺陷个数统计

缺陷个数	2009	2010	2011	2012	2013
[0, 20)	1	5	46	119	184
[20, 40)	0	2	9	22	12
[40, 60)	0	0	3	12	0
[60, 80)	0	0	3	4	1
[80, 100)	0	0	1	1	1
100以上	0	0	2	2	2
有效样本数	1	7	64	160	200

表4-12是上市公司内部控制整改情况分析。2009~2013年,内部控制缺陷得到整改的公司占绝大多数。2009年,有效样本公司的内部控制缺陷得到了全部整改。2010年,有效样本公司的内部控制缺陷得到全部整改的有62.500%,得到部分整改的有37.500%。2011年,60.526%、39.474%的有效样本公司的内部控制缺陷分别得到了全部整改和部分整改。2012年,有效样本公司的内部控制缺陷得到全部整改、部分整改以及未整改的比例分别为44.304%、54.937%和0.759%。2013年,内部控制全部整改公司的比例较2012年有所上升,其比重为70.270%,但内部控制缺陷部分整改与未整改的比例仍然较高,分别为23.552%和6.178%。上市公司的内部控制缺陷应在报告期内得到有效整改,以保证上市公司内部控制工作的顺利开展。虽然2009~2013年,上市公司内部控制缺陷未得到整改的比例并不高,但仍然占有相当比重。上市公司应进一步加强针对内部控制缺陷的整改措施,完善公司的内部控制机制,提升公司的内部控制质量。

第4章 中国上市公司董事会的内部控制功能

表4-12 上市公司内部控制整改情况分析

内控缺陷整改	2009		2010		2011		2012		2013	
	数量(个)	比例(%)	数量(个)	比例(%)	数量(个)	比例(%)	数量(个)	比例(%)	数量(个)	比例(%)
已得到整改	1	100.000	5	62.500	46	60.526	175	44.304	182	70.270
部分得到整改	0	0.000	3	37.500	30	39.474	217	54.937	61	23.552
未得到整改	0	0.000	0	0.000	0	0.000	3	0.759	16	6.178
有效样本数	1	100.000	8	100.000	76	100.000	395	100.000	259	100.000

表4-13针对内部控制未整改情况进行了分区间分析。由表4-13可知，上市公司针对内部控制缺陷进行完全整改的公司所占比例较高。2009~2010年，有效样本上市公司均对内部控制缺陷进行了完全整改。2011年，内部控制缺陷未整改数量在（0, 10）区间内的有5家上市公司，在［10, 20）区间内的有4家上市公司，在［20, 30）、［40, 50）区间内的均有1家上市公司。2012年，有效样本公司内部控制缺陷未整改的数量在（0, 10）区间内的有29家上市公司，在［10, 40）区间内的有9家上市公司。2013年，28家上市公司的内部控制缺陷未整改数量在（0, 10）区间内，只有2家上市公司的内部控制缺陷未整改数量在［10, 30）区间内。总体而言，上市公司内部控制缺陷未得到整改的数量主要集中于（0, 20）区间内。

表4-13 上市公司未完成内部控制整改情况

未完成内部控制整改个数 \ 年份	2009	2010	2011	2012	2013
0	1	5	46	174	181
(0, 10)	0	0	5	29	28
[10, 20)	0	0	4	4	1
[20, 30)	0	0	1	4	1
[30, 40)	0	0	0	1	0
[40, 50)	0	0	1	0	0
有效样本数	1	5	57	212	211

表4-14给出了上市公司未完成内部控制整改比例分析。与表4-13一致，2009年和2010年有效样本上市公司的内部控制缺陷均得到了整改。2011年，4家上市公司内部控制缺陷未整改的比例在（0, 0.2）范围之内；2家上市公司内部控制缺陷未整改的比例在［0.2, 0.4）范围之内；3家上市公司内部控制缺陷

· 99 ·

未整改的比例达到 [0.6, 0.8)。2012～2013 年，内部控制缺陷未整改比例达到 60% 以上的分别达到了 6 家、14 家上市公司；内部控制缺陷未整改比例在 60% 以下（不包括内部控制缺陷全部整改公司）的分别达到 25 家、13 家上市公司。

表 4 - 14　上市公司未完成内部控制整改比例分析

内部控制未整改比例	2009	2010	2011	2012	2013
0	0	0	20	64	99
(0, 0.2)	0	0	4	14	6
[0.2, 0.4)	0	0	2	5	6
[0.4, 0.6)	0	0	0	6	1
[0.6, 0.8)	0	0	3	1	4
[0.8, 1)	0	0	0	2	0
1	0	0	0	3	10
有效样本数	0	0	29	95	126

注：内部控制未整改比例 = 内部控制未整改的缺陷个数/内部控制的缺陷总数。

表 4 - 15 是上市公司内部控制评价报告缺陷业务分析。上市公司内部控制缺陷存在的业务范围主要包括风险控制、管理控制、会计控制、控制设计、控制运行、信息与沟通、治理控制、子公司控制。2007 年，1 家公司的风险控制存在缺陷。2008 年 2 家公司的风险控制、管理控制、会计控制、控制设计存在缺陷。2009 年，1 家公司的风险控制存在缺陷。2010 年，除控制运行、子公司控制之外，均有公司在风险控制（1 家）、管理控制（30 家）、会计控制（9 家）、控制设计（1 家）、信息与沟通（6 家）、治理控制（1 家）方面存在缺陷。2011 年，上市公司在会计控制、控制运行方面不存在内部控制缺陷。2012 年，上市公司在管理控制、控制设计、控制运行中存在缺陷的公司数量最多，分别为 90 家、22 家、13 家。2013 年，上市公司在风险控制、治理控制、子公司控制方面不存在内部控制缺陷。

表 4 - 15　上市公司内部控制评价报告缺陷业务分析

缺陷业务	2007	2008	2009	2010	2011	2012	2013
风险控制	1	2	1	1	1	2	0
管理控制	0	2	0	30	71	90	72
会计控制	0	2	0	9	0	8	47
控制设计	0	2	0	1	1	22	45
控制运行	0	0	0	0	0	13	68

续表

缺陷业务	2007	2008	2009	2010	2011	2012	2013
信息与沟通	0	0	0	6	8	10	88
治理控制	0	0	0	1	3	3	0
子公司控制	0	0	0	0	1	10	0
样本公司数	1	8	1	48	85	158	320

表4-16为上市公司内部控制缺陷责任主体分析。2007年和2009年，样本上市公司内部控制缺陷责任主体数据缺失。2008年，3家样本公司内部控制缺陷的责任主体主要归咎于公司部门。2010年，6家样本公司的内部控制缺陷也源于公司部门。2011年，43家公司的下属公司为上市公司内部控制缺陷负责，3家公司部门为上市公司的内部控制缺陷负责，6家公司的公司总部为上市公司内部控制缺陷负责。2012年，上市公司下属公司、公司部门、母公司为上市公司内部控制缺陷承担责任的公司数目分别是53家、43家和1家。2013年，51家公司的内部控制缺陷归咎于下属公司，277家公司的内部控制缺陷归咎于公司部门，1家公司的内部控制缺陷归咎于公司总部，2家公司的内部控制缺陷归咎于母公司。总体而言，下属公司、公司部门是上市公司内部控制缺陷的主要责任主体。

表4-16 上市公司内部控制缺陷责任主体分析

责任主体	2007	2008	2009	2010	2011	2012	2013
下属公司	0	0	0	0	43	53	51
公司部门	0	3	0	6	3	43	277
公司总部	0	0	0	0	6	0	1
母公司	0	0	0	0	0	1	2
样本公司数	0	3	0	6	52	97	331

4.2 董事会治理与内部控制

《内部控制基本规范》明确指出，董事会负责内部控制的建立健全和有效实施。为了探讨董事会治理与内部控制之间的关系，将披露内部控制评价报告与审计报告的公司分为四类：双缺陷公司、自我评价缺陷公司、审计缺陷公司、无缺陷公司，探讨董事会治理质量在四种不同内部控制质量公司之间的差异。其中，双缺陷公司是指每年内部控制自我评价报告、内部控制审计报告均认定该公司存在内部控制缺陷；自我评价缺陷公司仅指每年的内部控制自我评价报告认定该公司的内部控制存在缺陷；审计缺陷公司仅指每年的内部控制审计报告认定该公司的内部控制存在缺陷；无缺陷公司是指每年的内部控制自我评价报告、内部控制审计报告均认定该公司的内部控制不存在缺陷。

表4-17是上市公司内部控制质量与董事会规模均值。2007年，内部控制缺陷公司的董事会平均规模高于内部控制无缺陷公司；内部控制自我评价缺陷公司的董事会平均规模高于内部控制审计缺陷公司。2008年，内部控制缺陷公司的董事会平均规模低于内部控制无缺陷公司。2009年，内部控制无缺陷公司的董事会平均规模低于内部控制自我评价缺陷公司，而高于内部控制审计缺陷公司。2010年，内部控制无缺陷公司的董事会平均规模低于内部控制自我评价缺陷公司，而高于内部控制双缺陷公司。2011年，内部控制无缺陷公司的董事会平均规模低于内部控制缺陷公司。2012年，内部控制无缺陷公司的董事会平均规模低于内部控制自我评价缺陷公司，而高于内部控制双缺陷公司和内部控制审计缺陷公司。2013年，内部控制无缺陷公司的董事会平均规模低于内部控制自我评价缺陷公司和审计缺陷公司，而略高于内部控制双缺陷公司。总体而言，内部控制无缺陷公司的董事会平均规模略高于内部控制双缺陷公司。

表4-17 上市公司内部控制质量与董事会规模均值

	2007	2008	2009	2010	2011	2012	2013
内部控制双缺陷公司	—	8.000	—	6.000	9.000	9.000	8.889
有效样本数	—	1	—	1	5	19	36
内部控制自我评价缺陷公司	15.000	7.833	9.500	10.677	10.016	9.487	9.276
有效样本数	1	6	8	31	127	487	427
内部控制审计缺陷公司	10.000	—	7.000	—	9.000	7.833	9.600
有效样本数	2	—	1	—	1	6	15
内部控制无缺陷公司	9.153	9.226	9.014	9.322	8.954	9.075	8.952
有效样本数	72	133	370	584	854	992	1324

注："双缺陷公司"指内部控制自我评价存在缺陷，且内部控制审计也认定该公司存在内部控制缺陷。

表4-18汇报了上市公司内部控制质量与董事会专业委员会的信息。2007~2013年，随着内部控制质量的上升，四大委员会由独立董事担任的比例也逐年增加。2007年、2009年，内部控制无缺陷有效样本公司的四大委员会主席均由

独立董事担任。2008年，95.455%的内部控制无缺陷有效样本公司的独立董事担任四大委员会的主席。2010~2013年，超过94%的内部控制无缺陷有效样本公司的独立董事成为四大委员会的主席。

表4-18　上市公司内部控制质量与董事会专业委员会

四大委员会由独立董事担任比例		2007	2008	2009	2010	2011	2012	2013
双缺陷公司	有效样本公司数	—	—	—	—	3	4	1
	主席由独立董事担任的公司数	—	—	—	—	3	4	1
	占比（%）	—	—	—	—	100.000	100.000	100.000
自评缺陷公司	有效样本公司数	1	—	—	3	27	58	—
	主席由独立董事担任的公司数	1	—	—	3	25	54	—
	占比（%）	100.000	—	—	100.000	92.593	93.103	—
审计缺陷公司	有效样本公司数	1	—	—	—	—	1	60
	主席由独立董事担任的公司数	1	—	—	—	—	1	55
	占比（%）	100.000	—	—	—	—	100.000	91.667
无缺陷公司	有效样本公司数	7	22	41	77	98	89	157
	主席由独立董事担任的公司数	7	21	41	76	93	85	151
	占比（%）	100.000	95.455	100.000	98.701	94.898	95.506	96.178

注：四大委员会指审计委员会、薪酬委员会、提名委员会和战略委员会。自评缺陷公司指内部控制自我评价报告中认为公司内部控制存在缺陷的公司。

表4-19是上市公司内部控制质量与董事会会议次数的分析。2007年、2009年、2011年，内部控制无缺陷公司的董事会会议平均召开次数低于内部控制缺陷公司。2010年、2012年、2013年，内部控制无缺陷公司的董事会会议平均召开次数低于内部控制双缺陷公司。2008年，内部控制无缺陷公司的董事会会议平均次数低于内部控制自我评价缺陷公司，而高于内部控制双缺陷公司。总体而言，内部控制质量较高的公司召开的董事会会议次数相对较低。

表4-19　上市公司内部控制质量与董事会会议平均次数

董事会会议次数均值	2007	2008	2009	2010	2011	2012	2013
双缺陷公司	—	5.000	—	18.000	12.000	10.000	9.306
有效样本数	—	1	—	1	5	19	36
自我评价缺陷公司	15.000	11.167	10.250	8.484	11.031	10.109	8.993
有效样本数	1	6	8	31	130	487	428

续表

董事会会议次数均值	2007	2008	2009	2010	2011	2012	2013
审计缺陷公司	10.500	—	11.000	—	16.000	8.667	9.667
有效样本数	2	—	1	—	1	6	15
无缺陷公司	9.123	9.691	7.861	9.074	9.637	9.230	9.073
有效样本数	73	139	374	592	860	992	1324
年公司数	76	146	382	622	989	1313	1774

表 4-20 汇报了上市公司内部控制质量与独立董事委托出席会议情况。2007年，内部控制自我评价缺陷公司的独立董事没有委托出席董事会会议，内部控制审计缺陷公司的独立董事委托出席董事会会议的平均比例为 8.333%，内部控制无缺陷公司的独立董事委托出席董事会会议的平均比例为 4.119%。2013 年，内部控制缺陷公司独立董事委托出席会议的平均比例分别为 5.850%（内部控制双缺陷公司）、3.470%（内部控制自我评价缺陷公司）、5.170%（内部控制审计缺陷公司）。内部控制无缺陷公司的独立董事在 2013 年度委托出席董事会会议的平均比重为 2.600%。

表 4-20 上市公司内部控制质量与独立董事委托出席会议情况

	独立董事出席会议	2007	2008	2009	2010	2011	2012	2013
双缺陷公司	委托出席会议占比	—	0.000%	—	0.000%	2.220%	5.780%	5.850%
	有效样本数	—	3	—	1	19	64	134
自评缺陷公司	委托出席会议占比	0.000%	0.476%	3.830%	5.180%	4.470%	3.620%	3.470%
	有效样本数	1	20	28	132	516	1870	1552
审计缺陷公司	委托出席会议占比	8.333%	—	0.000%	—	0.000%	2.180%	5.170%
	有效样本数	2	—	2	—	2	18	62
无缺陷公司	委托出席会议占比	4.119%	4.340%	3.100%	3.330%	2.820%	2.750%	2.600%
	有效样本数	267	522	1311	2186	3122	2954	4324
	年公司数	76	146	382	622	989	1313	1774

表 4-21 是上市公司内部控制质量与董事薪酬之间关系的分析。2007 年，内部控制无缺陷公司董事的平均薪酬为 16.106 万元，低于内部控制自我评价缺陷公司（53.907 万元），而高于内部控制审计缺陷公司（11.215 万元）。2008、2013 年，内部控制无缺陷公司的董事平均薪酬均高于内部控制缺陷公司。2011年，内部控制无缺陷公司的董事平均薪酬均低于内部控制缺陷公司。2009 年，

内部控制无缺陷公司的董事平均薪酬（18.242万元）低于内部控制自我评价缺陷公司（22.698万元），而高于内部控制审计缺陷公司（6.908万元）。2010年，内部控制无缺陷公司的董事平均薪酬高于内部控制双缺陷公司，而低于内部控制自我评价缺陷公司。2012年，内部控制自我评价缺陷公司的董事平均薪酬最高，为22.271万元。

表4－21　上市公司内部控制质量与董事薪酬　　　　单位：万元

		2007	2008	2009	2010	2011	2012	2013
双缺陷公司	董事薪酬均值	—	14.750	—	13.417	44.375	14.901	16.214
	有效样本数	—	8	—	6	48	215	377
自评缺陷公司	董事薪酬均值	53.907	11.221	22.698	32.647	34.347	22.271	20.666
	有效样本数	15	54	85	350	1418	5520	4559
审计缺陷公司	董事薪酬均值	11.215	—	6.908	—	33.409	8.250	11.250
	有效样本数	24	—	9	—	9	62	180
无缺陷公司	董事薪酬均值	16.106	16.944	18.242	20.918	21.724	21.563	24.842
	有效样本数	689	1348	3498	5834	8514	9984	13620
	年公司数	76	146	382	622	989	1313	1774

4.3　本章小结

本书以2007～2013年披露内部控制相关信息的沪深两市上市公司为样本，从内部控制评价报告、内部控制审计报告以及内部控制缺陷角度分析了中国上市公司的内部控制质量，在此基础上，将样本公司按照内部控制质量分为四类——内部控制双缺陷公司、内部控制自我评价缺陷公司、内部控制审计缺陷公司、内部控制无缺陷公司，并分别探讨了四类公司在董事会治理质量方面的差异，所得研究结论如下：

在内部控制评价报告方面，披露内部控制评价报告的公司数量逐年上升，虽然绝大部分样本上市公司在内部控制评价报告中明确认定了公司的内部控制质量，但99%的上市公司都不认为公司自身的内部控制存在问题。在公司内部控制自我评价中存在缺陷的上市公司比例近些年虽然不断上升，但比例一直不超过28%。对于披露内部控制缺陷的公司来说，绝大部分公司都对内部控制缺陷进行了相应的整改。总体而言，上市公司在披露内部控制整改措施方面较为欠缺，这方面数据缺失较为严重。

在内部控制审计报告方面，未出具内部控制审计报告的上市公司仍然占据较大比重。在聘请会计师事务所审计内部控制的上市公司中，绝大部分上市公司都被出具了标准无保留意见。也就是说，会计师事务所的审计结论呈现出清一色地为上市公司内部控制质量"点赞"的态势。德勤、安永、普华永道、毕马威承接的内部控制审计工作并不多，所占比例不超过10%。上市公司内部控制审计报告的签发地呈现出多元化趋势。

在内部控制评价报告缺陷方面，上市公司针对内部控制缺陷种类和细节的描述在近年来不断完善。总体来说，上市公司内部控制缺陷的平均个数主要分布在40以下。绝大部分上市公司针对内部控制缺陷进行了相应的整改，甚至是完全整改。上市公司内部控制缺陷未得到整改的平均数量主要分布于（0，20）区间内。上市公司内部控制缺陷存在的业务范围体现在会计控制、控制设计、控制运行、信息与沟通、管理控制方面，而在治理控制、风险控制、子公司控制方面存在的问题相对较少。上市公司内部控制缺陷责任主体主要出现在公司部门和下属公司层面，而在母公司和公司总部层面出现问题的情况相对较少。

在董事会的内部控制功能方面，内部控制质量较高的上市公司具有相对较大的董事会规模，并召开了较少的董事会会议。94%以上的内部控制无缺陷样本公司的独立董事成为审计、薪酬、提名、战略委员会的主席，表明内部控制较好的公司在董事会专业委员会建设方面表现卓著。独立董事委托出席会议的情况并不常见，但是，相对于其他内部控制缺陷公司来说，自评与审计均存在缺陷的双缺陷公司的独立董事委托出席会议比例较高。总体来说，内部控制自评缺陷公司与内部控制无缺陷公司的董事薪酬相对较高。

第 5 章

中国上市公司董事会的战略功能：基于管理层风险承担视角

5.1 引言

公司在高风险投资与低风险投资之间的资金配置比例，作为影响公司风险的实质传导途径之一，是治理情境下财务决策研究的重要问题。相对于资本支出而言，R&D 投资的长期性、初始投入的巨额性、对专门技能的高度依赖性以及研发成功的不确定性使其天然具有高风险的特征（Bhagat 等，1995）。创新与风险历来是相伴而生的（Zhou 等，2001）。在公司资源有限的条件下，管理层如何在高风险的 R&D 投资与低风险的资本支出之间进行资金配置在一定程度上能够反映管理层风险承担的意愿（King 等，2011）。

大量文献探讨了公司的 R&D 投资、资本支出问题，有助于我们深刻理解外部环境、内部特点差异下公司的研发决策和资本支出决策。然而，已有研究更关注对 R&D 和资本支出问题的单独探索，而在 R&D 与资本支出资金配置问题的分析上则相对有限。但实际上，公司之间的投资决策是相互关联的，而不是孤立做出的。R&D 与资本支出作为公司重要的投资决策，决定着公司的资产状况以及未来的发展能力。如何将公司有限的资金在 R&D 与资本支出之间进行分配是公司实际经营决策中需要权衡的重要问题。管理层风险承担不仅将公司在 R&D 和资本支出上的投资决策联系起来，更重要的是，由于 R&D 和资本支出在风险属性上的固有差异，管理层风险承担行为还是影响公司风险水平的关键因素。针对管理层风险承担行为的研究有助于公司权衡当前投资的风险状况与未来收益，对于后金融危机时代下公司在风险承受和风险防范方面的决策具有积极的借鉴意义。

鉴于此，本书以进行 R&D 投资的中国制造业上市公司为初选样本，从管理层对资本投向的决策入手，在对管理层风险承担意愿进行分析的基础上，立足于管理层风险承担对公司长期绩效的提升效应，探讨董事会治理、管理层持股对管理层风险承担行为的促进作用。首先，着眼于公司的监督和激励机制，在考虑内生性的前提下，采用联立方程模型分析了董事会治理、管理层持股对管理层风险承担行为的推动作用。其次，从公司特质风险的角度，分析管理层风险承担所倡导的创新活动为公司带来的风险因素，并探讨了当前的管理层风险承担行为是否提升了公司的长期绩效。最后，考虑到治理、投资与绩效之间的相互影响，采用路径分析方法，综合分析了董事会治理、管理层持股、管理层风险承担、特质风险与长期绩效之间复杂的共变关系。

本书的理论创新：第一，首次从风险承担角度探讨了管理层对高风险的 R&D 投资与低风险的资本支出进行资金配置的影响因素和经济后果，从管理层风险承担视角赋予了资本投向研究一种全新的内涵。第二，在考虑董事会治理、管理层持股与管理层风险承担内生性的基础上，综合分析了董事会治理、管理层持股对风险承担的影响，为公司治理与财务决策内生性的处理以及治理机制间的相互影响增添了新的经验证据。第三，从公司特质风险角度探讨了管理层风险承担对长期绩效产生影响的中介效应，丰富了管理层风险承担经济后果的具体传导路径研究。

5.2 理论分析与研究假设

5.2.1 管理层风险承担意愿

管理层风险承担行为不仅内生于 R&D 与资本支出的固有特性，还带有明显的管理层利益诉求的"痕迹"。从管理层风险承担意愿的角度来说，R&D 并不是理想的投资项目。R&D 投入大、周期长、见效慢、风险高，并且研发成功后有限的专利保护期以及知识的外溢性都阻碍了管理层风险承担的意愿。如果公司多投资于 R&D，管理层实际上需要在公司的长短期绩效、个人利益损失与 R&D 收益、个人利益获取与公司利益之间进行权衡。

R&D 在短期内对公司绩效的提升作用有限，如果公司进行 R&D 投资，管理层在一定程度上需要牺牲短期利润来为公司赢得长期发展的机会（Ryan 等，2002）。David 等（2001）也指出，管理层在投资 R&D 时面临着权衡，即 R&D 费用发生在当期，但 R&D 收益却往往是对 R&D 进行长期投资后才可能出现的结果。索格恩斯（Sougiannis）（1994）的研究估计，在 R&D 上投资一美元，从平均水平上来说，会导致公司七年间两美元的盈利，但 R&D 投资并不会改善公司当期的盈利状况。

管理层在公司当期业绩与未来业绩之间的权衡可能导致管理层对长期投资的削减，而更偏好于能促进当期业绩的投资项目（David 等，2001）。也就是说，如果公司的当期业绩较差，管理层不仅不愿意多投资 R&D 支出，还有可能削减已投资 R&D 项目的经费。资本市场对公司短期绩效的压力常常导致管理层削减 R&D 投资以达到短期目标（Bushee，1998）。格瑞耶（Grinyer）等（1998）对英国公司 246 位董事的调查研究表明，管理层既不会增加 R&D 投资（49.2% 的支持率），也不会推动新产品的研发（43.8% 的支持率）。格瑞汉姆（Graham）等（2005）对 401 位美国公司的财务主管进行的调查研究显示，80% 的管理层承认他们会削减 R&D 经费以达到业绩目标。

管理层是公司专用性人力资本的投资者，其个人财富与公司经营状况密切相关。如果高风险的 R&D 进展不顺利，管理层的职位和薪酬会因此受到不利影响。赫斯尔弗（Hirshleifer）等（1992）就指出，管理层基于个人声誉以及事业方面的考虑，并不愿意投资高风险的项目。即使假定管理层风险中性，达格普特（Dasgupta）等（1980）也认为管理层会尽量避免 R&D 投资。查克伯特（Chakraborty）等（2007）也发现，具有高离职风险的管理层不愿意进行 R&D 投资，因为该投资对公司绩效的推动效应会被继任管理者分享。管理层因投资 R&D 可能遭受的损失严重抑制了管理层的风险承担意愿。

除了公司长短期绩效、个人利益损失与 R&D 收益间的权衡外，管理层在个人利益获取与公司利益间的考量也是其风险承担的重要决定因素。如果一项投资的净现值大于零，公司就应该投资该项目。但管理层并不愿意投资 R&D，即使该项目的净现值大于零，因为这类投资对管理层来说是次优决策。R&D 收益需要长期投入，但对管理层的短期目标并无益处（Laverty，1996）。管理层更喜欢那种能够在短期内获利，以快速巩固其声誉，并推进其事业发展的投资项目。相对于 R&D，管理层在资本支出上的过度投资有助于"帝国"构建过程中的权力巩固、在职消费以及私人利益攫取。约翰（John）等（2008）就指出，为了攫取个人私利，管理层会尽量避免投资高风险的项目。王艳等（2005）也认为经理层为了获得控制权收益更偏好在有利于维持自身地位的项目上过度投资。

5.2.2 董事会治理、管理层持股与管理层风险承担

管理层风险承担行为所推动的技术创新有助于公司保持竞争优势，但对R&D投资的忽视将严重损害公司长远发展的能力（Kor等，2005），因为R&D对于公司无形资产的积累、差异化的形成以及产品创新能力的提升来说不可或缺（David等，2001）。鉴于管理层主动承担风险的意愿并不高，公司需要配备相应的机制补偿管理层可能的收益损失，约束管理层的私利攫取倾向，鼓励管理层更加关注公司的长远发展，从而矫正管理层的风险偏好，不断推动R&D创新。

在公司的内部治理机制中，董事会通常被认为是重要的监督管理层的正式机制（Fama，1980），负责评估管理层的经营业绩，制定管理层的薪酬，并主导公司的重大战略问题。而管理层持股通过对管理层的长效激励推动管理层与股东利益的趋同，进而实现对管理层趋利行为的矫正。董事会治理和管理层持股激励对管理层风险承担行为具有重要的影响。

5.2.2.1 董事会治理对管理层风险承担的影响

5.2.2.1.1 董事会治理与管理层风险承担：董事会职能理论和组织控制理论

5.2.2.1.1.1 **董事会职能理论：董事会具有管理层风险承担的决策权、监督权和资源提供功能**[①]

董事会的战略职能：董事会对管理层风险承担的决策权。代理理论、"管家理论"、资源依赖理论在董事会具体职能的问题上虽然存在着一定分歧，但均支持董事会的战略职能。代理理论认为董事会应承担监督和控制高级管理人员的职能，并通过控制CEO实现对公司战略方向的把握（Hill，1995）。"管家理论"认为经理人员在社会动机和成就动机的驱动下是公司恪尽职守的"管家"（Davis等，1997），经理人员具有的专业知识和技能将在一定程度上巩固董事的战略决策职能（Stiles等，2001）。资源依赖理论将董事会视为公司重要的边界人员，能够为公司经理及时提供信息及资源（Zahra等，1989），给予建议和咨询（Lorsch等，1989），为战略的形成或其他重要决策提供帮助（Judge等，1992）。董事会

---

① 董事会的监督、战略咨询、资源提供职能是学者们（Johnson等，1996；Hill，1995；Hillman等，2000）针对董事会的职责而总结出来的关于董事会的职能理论。董事会的这三种职能主要是通过董事会会议这种正式制度来达到对公司决策的影响，也就是说，董事会的监督、战略咨询、资源提供职能通过董事会会议这种制度安排，尤其是董事会的投票决议制度，实现对管理层风险承担（R&D投资）的影响。本书并没有直接研究董事会会议/董事会投票决议对管理层风险承担的影响，一方面是因为董事在董事会会议上是否真正发挥作用并不是董事会会议这一个角度就能全部决定的，董事的背景、能力、专业水平、薪酬、董事代表哪方利益、董事独立性如何等等，都会影响董事在董事会会议上的行为取向。另一方面也源于从公司外部探讨董事会的会议情况是很困难的，尤其对于大样本的实证研究来说。Leblanc等（2007）将董事会会议称为"黑箱"，指出公司治理研究者们在研究中遇到的一个主要障碍是很难直接研究董事会，很大原因在于很难接近董事会以观察董事会会议的过程（Zahra等，1989）。

的战略职能表明，董事会在管理层风险承担行为中具有关键的决策权，因为研发投资属于公司重要的战略决策。董事会可以通过战略方案的制定、决策、评估以及修改来实现对公司创新水平的控制，从而掌控管理层的风险承担意愿。

董事会的监督控制职能：董事会对管理层风险承担的监督控制权。董事会的监督功能，也称为"控制"角色（Johnson 等，1996），是指董事会成员代表股东利益对经理层进行的监督，其理论基础来源于代理理论。代理理论阐述了由于组织中所有权和控制权的分离导致的潜在利益冲突（Fama 等，1983），认为董事会的首要功能是监督"代理人"（经理层）的行为，以保护"委托人"（所有者）的利益（Eisenhardt，1989）。董事会被认为是解决代理问题，而在大型组织内部演化出来的，一种符合市场经济原则的内生组织或制度，也就是说，由于代理问题的存在，为了增大两权分离的收益，降低两权分离的成本，大型公司逐渐演进出了董事会等制度规范（宁向东，2006）。在代理理论的分析框架下，决策管理与剩余风险承担分离以及个人利益最大化追求的前提下，管理层在风险承担行为上与股东存在着目标上的异化现象。在这种情况下，来自公司内部的监督和控制机制就非常有效。Fama（1980）的研究就指出，虽然公司的控制权市场可以约束管理层的败德行为，但是董事会是监督管理层的一个成本最低的公司内部资源。董事会通过监督、控制公司的创新投入，从而实现对管理层风险承担意愿的调控。

董事会的资源提供职能：董事会为管理层风险承担提供资源支撑。董事会的资源提供职能是指董事能够提供公司所需要的多种资源，主要受资源依赖理论（Hillman 等，2000）和利益相关者流派（Johnson 等，1999）的支持。董事会提供资源的功能包括提供合法性（Selznick，1949），提供专业技术（Baysinger 等，1990），促使公司与重要的利益相关者或其他重要组织之间建立联系（Burt，1980），更容易获取资源（Mizruchi 等，1983），建立外部关系和创新扩散等（Haunschild 等，1998）。管理层风险承担行为对专门技能的高度依赖性使得董事会的资源提供职能尤为重要。公司董事，尤其是技术董事在技术领域及业界的声誉，能够为公司的创新行为提供资源，促进关联公司间的联系，拓宽了公司获取技术关键信息和资源的机会，从而对管理层的风险承担行为具有支撑作用。

5.2.2.1.1.2 **组织控制理论：董事会为管理层风险承担提供执行保障**

组织控制理论认为，推动公司创新的资源配置过程具有开发性、组织性和战略性，因此公司治理机制需满足财务承诺、组织整合和内部人控制三个条件才有可能为公司的创新行为提供支撑（O'Sullivan，2000）。财务承诺制度保障公司资源能够被战略性地配置于组织学习以及公司的创新活动；组织整合制度为公司产品创新的参与者提供激励，促使他们为实现公司目标而努力工作；内部人控制制度确保公司创新行为的推动者手中拥有公司资源的配置权和收益的控制权。董事会是公司关键战略的决策者（Lorsch 等，1989），尤其是公司的创新战略。只有董事会决定大力支持公司的创新行为，才能通过聘用与解聘机制确保公司创新行为的推动者拥有资源配置权和收益控制权，通过激励机制为管理层提供风险承担的内在动力，通过监督和控制机制保证创新活动的资金支持，从而满足公司创新行为的执行保障——内部人控制、组织整合以及财务承诺。

5.2.2.1.2 董事会治理与管理层风险承担：经验证据

董事会对管理层风险承担行为的影响主要通过如下路径实现：其一，董事会在 R&D 战略制定过程中对公司创新行为的支持；其二，在已投资的 R&D 项目中，董事会可以通过充分发挥监督职能，抑制管理层想要削减 R&D 投资的短视行为。

上市公司的管理层主动进行风险承担的动机并不高，董事会治理质量对于缓解公司在 R&D 项目上的投资不足，增加资本投向决策的合理性和科学性方面发挥了积极作用。作为股东的代理人，董事会独立性有利于公司选择那些能够增加股东财富的战略导向，也包括 R&D 投资（Kosnik，1990）。冯根福等（2008）的研究发现，独立董事比例与公司的技术创新显著正相关，独立董事较多的公司的技术创新投入明显高于独立董事较少的公司。张宗益等（2007）发现，独立董事对高新技术企业的 R&D 投资具有显著的积极影响。杨建君等（2007）指出，外部董事对公司创新决策的影响是董事会结构和规模共同作用的结果。泽热等（2000）的研究发现，董事长与 CEO 实现两权分离、董事会具有中等程度的规模、外部董事持有公司股份能够显著促进公司的创新行为。德特斯（Deutsch）（2007）也发现外部董事的股票期权与 R&D 投资之间显著正相关。徐金发等（2002）认为，较小的董事会规模、较高的董事会独立性、健全的董事会专业委员会以及合理的董事会领导权结构（董事长与 CEO 实现了两权分离）都有助于促进公司的技术创新水平。考尔（Kor）（2006）的研究指出，董事长和总经理两职分离有利于促进 R&D 投资。

R&D 投资属于公司的长期投资，通常需要多年的持续投入以提升公司的技术水平。管理层需要定期向董事会汇报公司 R&D 投资的实际进展、R&D 预算等，解释公司实际 R&D 投入与预算之间的差异，并向董事会说明，目前的 R&D 投入对公司业绩的影响（Oliver 等，2006）。在管理层向董事会汇报 R&D 项目，尤其是管理层提出削减 R&D 投资经费时，董事会需要考虑公司 R&D 投资的真实状况，以判断管理层削减 R&D 的行为是否仅仅为了达到短期业绩目标。尽管 R&D 投资包含大量的技术信息以及未来的不确定性，并且管理层还有可能操纵信息披露（Aboody 等，2000）迷惑董事会的判断力，但专业和高效的董事会能够保障董事会更科学的价值判断,提高董事会甄别管理层短视行为的能力,从而可以对管理层的不当行为进行适度干预,以保证公司R&D投资的顺利开展。Osma(2008)就指出独立董事在抑制公司削减R&D投资的短视行为方面发挥了积极作用。

5.2.2.2 管理层持股对管理层风险承担的影响

公司的R&D投资只有在管理层的大力支持下才有可能获得最终的成功。虽然管理层并不一定直接参与创新活动,但管理层对R&D的资金配置以及监督负有不可推卸的责任(Balkin等,2000)。在管理层不愿意承担风险的情况下,通过将长效激励机制融入管理层的薪酬契约中,将管理层的收益与公司的长期发展相连,有助于开阔高管的决策视野,促使股东利益和管理层利益的趋同,从而提高管理层的创新动力。

泽热等(2000)认为,管理层所有权的增加使得管理层的个人收益与公司的长期绩效相连,管理层会倾向于选择那些对公司长期绩效具有最大推动作用的R&D项目,从而促进了公司的技术创新活动。徐金发等(2002)发现经营者持股水平对公司的技术创新水平具有显著的正向影响。夏冬(2003)指出经营者在企业中所有权的增大有助于改善企业的创新效率。刘伟等(2007)指出高科技类公司的高管持股有利于增加公司的R&D支出。李春涛等(2010)的研究发现,CEO持股有助于提高公司的R&D参与度和强度。德茨沃(Dechow)等(1991)也认为,CEO倾向于在年末减少在R&D项目上的投入,但是CEO在公司的所有权有助于抑制这种R&D项目经费的削减问题。

但是,也有学者认为,管理层持股同时存在着利益趋同和"壕沟防守效应"。McConnell等(1990)的研究就指出,当管理层持股比例较低时,管理层持股与公司价值之间显著正相关;但是当管理层持股比例达到一定程度时,可能导致管理层的权利过大,从而抑制了经理市场、产品市场以及公司控制权市场对管理层的约束作用(Morck等,1988),此时管理层持股与公司价值显著负相关。怀特(Wright)等(1996)也认为,内部人所有权与公司的风险承担行为之间呈现曲线关系,即当内部人持股较低时,其所有权与风险承担之间显著正相关;但当内部人持股较高时,其所有权与风险承担之间显著负相关。

管理层持股效应的研究分歧中,争论的焦点在于管理层持股比例的大小是否可以作为划分管理层自利行为的标准,从而将管理层持股的效应区分为利益趋同和"壕沟防守"。实际上,仅依据管理层持股比例的多少来划分利益趋同与"壕沟防守"是有待商榷的。持股激励对于不同特质下的管理者所产生的效果是不同的。即使仅仅持有上市公司的较少股份,也总有管理者存在着利益攫取行为;或者另一方面,就算持有了较多股份,在上市公司中具有较大的话语权,具备了

"壕沟防御"的能力,也总还有管理者确实在为公司价值的最大化而努力工作。

杰森等(1976)基于管理者完全拥有公司股份与仅拥有部分公司股份时所产生的公司价值差异,认为代理成本与管理层所有权之间存在负相关关系,从而提出管理层激励是解决公司代理问题的最优解。尽管学术界和理论界对于管理层持股的积极影响存在着一些质疑,但从总体来看,管理层持股对公司的发展应该具有积极的影响。因为,仅依靠短期业绩评估管理层的经营成果,或者仅由短期现金流来决定管理层的声誉状况一定会导致管理层牺牲公司的长期现金流和发展机会,在长期投资项目(比如R&D)上存在投资不足的倾向(Hirshleifer,1993)。而在管理层薪酬契约中试图纳入长效激励因素的努力总可以在一定程度上缓解公司的代理问题。朱国泓等(2003)在对沪市上市公司管理层持股进行调查问卷的基础上,认为管理层持股明显有助于优化公司的激励制度与效果,增强管理层的责任心。胡阳等(2006)的研究也表明,经营者持股激励强度与股票报酬率之间呈现显著的正相关关系。因此,本书更倾向于支持管理层持股的利益趋同效应。

5.2.2.3 管理层风险承担对董事会治理、管理层持股的反馈作用

已有文献在董事会治理、管理层持股对管理层风险承担行为的影响方面提供了大量的证据。但实际上,除了上述影响外,管理层风险承担对董事会治理、管理层持股还具有反馈作用。

首先,大力推进管理层风险承担行为,积极开展R&D创新投资的企业通常在产品市场和资本市场上均具有良好的表现,拥有较为雄厚的经济实力,这类公司更倾向于聘任高质量的、专业化的董事,并赋予管理层较多的公司股票。另外,R&D投资的高科技特性也会促使公司在组织内部配备相应的治理机制以推动技术创新,比如R&D的高技术含量通常会促使公司的董事会吸收更多的技术董事以指导管理层的R&D投资。

其次,公司在R&D投资与资本支出之间的资金分配会影响公司的现金分布、盈利能力以及股票回报,进而影响公司的董事会治理和管理层持股情况。R&D投资对公司经营业绩的影响也会导致公司内外部董事比例、董事会召开会议的次数、董事会实际的运作效率等发生变化。董事会薪酬委员会在设计管理层的薪酬契约时也需要考虑公司的实际经营情况。一般来说,成长性好、盈利能力强的公司更倾向于赋予管理层更多的股票。

最后,公司实际的风险承担状况会促使董事会采取相应的措施以使管理层的薪酬结构与公司目前的风险程度相吻合。比如,在公司既定的R&D投资水平下,董事会需要考虑,管理层的持股水平是否足以激励管理层对R&D项目的持续投资,而不是"编出各种理由"来说服董事会削减R&D项目。如果董事会认为,在管理层既定的持股水平下,管理层仍然不愿意承担较高的风险,董事会可以通

过薪酬委员会调整管理层的薪酬结构，赋予管理层更多的公司股票，以增加管理层对风险的承受程度，从而激发管理层加大R&D投资的积极性。

基于上述分析，提出假设1和假设2。

假设1：在考虑内生性的基础上，董事会治理与管理层风险承担正相关，即高效的董事会治理使管理层在分配资本投向时，会增加高风险的R&D投资，并适度减少低风险的资本支出。

假设2：在考虑内生性的基础上，管理层持股与风险承担行为正相关，即管理层持股越多，越有利于管理层多投资于高风险的R&D投资，而少投资于低风险的资本支出。

5.2.2.4 董事会治理与管理层持股

评估管理层的业绩，为管理层制定合适的薪酬契约是董事会的核心职能。完善的董事会治理机制能够更好地对管理层行为及能力进行甄别，制定适宜的薪酬契约，抑制管理层追求个人私利的行为，促使股东利益和管理层利益的融合（Tosi等，1994）。胡奕明等（2008）发现，具有财务或会计专业背景的独立董事能够提高公司的盈余信息质量；而较高的会计盈余质量为董事会提供了更多关于CEO是否为公司增加价值的相关信息（Paul，1992），从而提高了董事会对管理层的行为甄别能力。董事会在对CEO表现和领导能力进行评估的基础上，设计与高管努力程度相匹配的薪酬契约，矫正高管对公司既定目标的偏离，降低公司的代理成本（Mizruchi，1983）。而当董事会治理质量较差时，管理层可以通过操控薪酬契约的制定从而获得额外租金。纽曼（Newman）等（1999）就指出，当内部人成为薪酬委员会的成员时，薪酬委员会制定的薪酬明显偏向于CEOs，而这些管理层在薪酬方面所得到的优待是以牺牲股东利益为代价的。

既然完善的董事会治理机制有利于优化公司的管理层薪酬契约，那么怎样的薪酬契约是更为合理的呢？不同制度背景、外部环境、公司内部权力分布及发展路径的差异都有可能导致最优薪酬契约的差异。但总体来说，在管理层薪酬契约中引入较多的长效激励因素对公司的长远发展是有利的。一方面，管理层已经将自身的专用人力资本投资于公司，已经承担了较多风险。而持股激励、业绩薪酬等方案将管理层的收益与公司的经营成果紧密相连，使管理层有可能获得更多的未来收益，但同时也增加了管理层承担未来损失的风险。梅斯（Mace）（1971）就指出，管理层通常试图阻止董事会为管理层制定绩效工资；如果管理层能够影响董事会的薪酬制定政策，他们采取的第一个措施可能就是在薪酬契约中加大固定薪酬的比重。另一方面，本书一直强调，虽然管理层持股并不是"万能的"，但对于推动股东利益与管理层利益的趋同上会发挥积极的影响。如果管理层持股能够缓解代理问题，那么高效的董事会理应在制定管理层薪酬契约时适度加大管理层的持股比重。梅汉（Mehran）（1995）就指出，外部董事较多的董事会更愿意采用管理层的权益薪酬。鉴于此，本书认为，董事会质量越高，公司管理层的持股水平越高。

管理层持股对董事会治理的影响大致可以分为两个方面：其一，管理层持股对董事会结构，尤其是对董事会独立性、领导权结构、股东董事等所代表的董事会监督能力的影响；其二，管理层持股对董事会实际运行效率的影响。

从管理层持股与董事会结构的关系来说，现有研究强调了激励契约是解决代理问题的最优解，而最优的监督水平应取决于委托人和代理人之间激励差距的大小（Beatty等，1994），从而支持管理层所有权与董事会监督之间的替代关系。即监督是有成本的，公司在监督水平的选择上需要考虑成本。当管理层持股水平较高时，公司可以选择较低水平的监督；而当管理层持股水平较低时，加强董事会监督不失为一种可行的策略。贝缇（Beatty）等（1994）探讨管理层持股对董事会监督的影响，发现当管理层持股比例较小时，公司董事会的监督水平较高，即公司拥有较多的外部董事和股东董事；持股比例大于5%的公司股东担任董事；风险资本参与了公司的IPO；CEO与董事长由不同人担任。泽杰克（Zajac）等（1994）探讨了前一年度CEO持股变量对当年度董事会监督的影响，认为具有较低管理层激励水平的公司会选择较高的董事会监督水平以加强对管理层行为的引导。

还有研究表明管理层所有权与董事会监督之间呈现曲线关系。皮森奈尔（Peasnel）等（2003）探讨了管理层持股对外部董事比例的影响，研究指出，管理层持股与外部董事比例之间呈现出显著的U型曲线关系，即当管理层持股比重较小时，管理层持股与董事会监督负相关；当管理层持股比重较大时，内部人具有足够的权利逃避恶意收购或离职风险，进而可以利用所有权攫取私人利益，此时公司需要董事会发挥更大的监督作用以抑制管理层的个人利益攫取。

但实际上，无论管理层的持股水平如何，董事会的监督作用是不可或缺的。在既定的管理层持股水平下，总存在着两类管理层：其一，持有股份，也在为公司价值最大化努力工作的管理层；其二，持有股份却存在攫取行为的管理层。对于第一类管理层来说，他们需要增加董事会的监督以向资本市场传递信号。如果资本市场有效，公司价值将反映管理层"私利攫取"的预期成本。但如果资本市场无法区分最大化公司价值与减损公司价值的持股管理层，那么真正努力经营公司的管理层则需要承担成本，因为他们经营的公司会被市场低估，而他们的持股收益也会"缩水"。在这种情况下，对于那些持有公司股份，并且也在努力经营公司的管理层来说，他们有动机通过增加外部董事的比例，推动董事会的监督，以向资本市场传递一种信号，使外部投资者相信，管理层利用在位优势转移公司财富的行为会受到克制（Denis 等，1994）。而对于那些持有公司股份，但还存在着利益攫取行为的管理层来说，公司更需增加外部董事的比例，提高董事会监督的水平，进而矫正管理层的不当行为。鉴于此，本书认为，管理层持股对董事会结构具有积极影响。

管理层持股对董事会运作效率的影响是通过调节管理层的利益取向实现的。管理层具有信息和专业优势，在公司中具有相当的话语权，在一定程度上具有说服董事会按照其意愿行事的能力，从而能够影响董事会的运作效率。比如，管理层通过影响董事会议案（Alderfer，1986），并偏好于披露"好消息"以误导董事会（Coughlan 等，1985），造成公司正处于良好发展时期的假象；管理层通过游说董事会，使董事会接受公司较低的业绩目标，从而轻易达到绩效考核；而当公司业绩较差时，管理层则采取各种措施将经营失败归咎于外部的、不可控制的因素。管理层持股通过调节管理层与股东利益的融合程度，调节管理层与董事会之间的关系，促使管理层从股东利益最大化的角度行事，从而降低了管理层基于自身利益对董事会运作的负面影响。朱国泓等（2003）也指出，58.76%（17.11%）的公司认为管理层持股对公司治理具有重要（非常重要）的影响，这足以说明，管理层持股有望对公司治理的改进起到重要的推动作用。

假设 3：董事会治理与管理层持股之间存在互补关系，即高效的董事会治理有助于增加管理层的持股比例；而较高的管理层持股比例能够提升董事会治理质量。

5.2.3 管理层风险承担、特质风险与长期绩效

5.2.3.1 管理层风险承担与特质风险

管理层风险承担所推动的公司创新行为具有较大的风险。Sethia（1989）就指出，R&D 投入的高风险在于其高不确定性以及研发投入可能带来的收益具有分布不均衡的特点。公司风险分为系统风险和特质风险。系统风险与市场因素相关，而特质风险则与公司的特质信息相连。特质风险在公司风险中占有较大的比重。格斯帕（Gaspar）等（2006）指出，特质波动大概占公司股票波动的 81%，对公司的管理层和投资者都很重要（Luo 等，2009）。并且，相对于系统风险，管理层风险承担行为通过影响公司未来收益的波动对公司特质风险的影响更为直接。

考茨瑞（Kothari）等（2002）发现，相对于固定资产投资，R&D 所带来的公司未来收益的波动性较大。Pástor 等（2003）也指出，相对于未采用新技术的公司而言，采用新技术的公司在资本市场上通常具有较大的股价波动性。管理层风险承担行为增加了公司未来盈余的不确定性和波动性，从而导致公司特质风险的增大。卡伯贝尔（Campbell）等（2001）发现公司的特质波动在 1962~1997

年呈现增加的趋势，这与新技术的推动效应有关，尤其是那些与IT革命相关的新技术。玛兹卡特（Mazzucato）等（2008）认为，公司的R&D投资与特质风险之间呈现出显著的正相关关系。陈妙玲等（2011）的研究也发现，R&D投资显著提高了公司的非系统风险。

5.2.3.2 管理层风险承担与长期绩效

管理层风险承担行为所倡导的技术创新，可以视为成长期权，通过对R&D的前期投资，为公司赢得了开创未来成长机会的能力，等同于投资者购买了R&D后期投资的看涨期权（Roberts等，1981）。因此，管理层风险承担行为是公司价值创造的重要途径，能够改善公司的产品和服务质量，提升技术水平（Cohen等，1990），保持创新的动态能力（Kor等，2005），使公司在销售收入、市场份额以及利润方面都有出色表现（Fryxell，1990），推动了公司的持续盈利（罗婷等，2009），并为股东赢得了高额的股票回报（Mizik等，2003）。

赫尔（Hall）等（2006）发现，美国、英国、法国和德国上市公司的R&D投资与公司价值呈现显著的正相关关系。茨安（Chan）等（2001）指出R&D投资与公司未来的超额回报呈现显著的正相关关系。次贝尔（Chambers）等（2002）也指出R&D投资水平及其变化都与公司未来的超额股票收益正相关。伊伯哈特（Eberhart）等（2004）的研究发现，R&D投资对公司的长期股票收益以及长期绩效都具有显著的推动作用。史欣向等（2010）也发现R&D投入对企业经济绩效有显著的促进作用。

5.2.3.3 特质风险与长期绩效

公司金融理论认为，特质风险可以通过多样化的投资组合而被充分分散，不会被定价。但在实际投资中，由于交易费用、信息不完备、投资偏好、资金限制等因素，不管是个人投资者还是机构投资者都没能持有充分多样化的投资组合，从而导致了特质风险也应得到相应的风险溢价。Merton（1987）的研究表明，在均衡条件下，特质风险和预期收益率显著正相关。Goyal等（2003）发现，平均个股方差（主要由特质波动构成）与市场收益之间呈现显著的正相关关系。Xu等（2003）认为，特质风险与预期盈余增长显著正相关。陈健等（2009）的研究也指出，在投资者没有持有市场投资组合的情况下，均衡时不仅系统风险被定价，部分没有被分散的非系统风险也决定了预期收益率。

但关于特质风险与预期收益之间的关系，学者们远未达成一致的结论。尤其在安格等（2006，2009）提出公司的特质波动与横截面收益显著负相关的结论之后，对传统资产定价理论中"风险与收益相权衡"的思想提出了极大的挑战，更引起了学术界对"特质波动之谜"的关注。但学者们对Ang等的研究结论也提出了很多质疑。巴利（Bali）等（2008）认为，在探讨特质波动与预期收益之间的关系时，衡量特质风险的数据频率、投资组合收益率的不同加权方法、投资组合的不同构建方法等都会使安格等的结论并不稳健。傅（2009）认为安格等的结论并不能说明特质风险与预期收益之间的负相关关系，因为滞后一期的特质波动并不能够代表预期特质波动。傅（2009）在 EGARCH 模型基础上估计的特质风险与期望收益显著正相关，而安格等的结论可以由收益率的反转解释，并不存在"特质波动之谜"现象。

学者们还从投资者的非理性行为、卖空限制和投资者的异质性等角度，对"特质波动之谜"进行了解释。Han 等（2008）的研究发现，对于那些拥有较多散户投资者的公司来说，特质风险与预期收益负相关；但对于那些拥有较少散户投资者的公司来说，特质风险与预期收益正相关。散户投资者倾向于持有并频繁交易那些特质风险较高的股票，以期在短时间内获利，这种非理性投资行为导致这类股票出现过度投资情况，降低了未来收益，从而导致特质风险与预期收益之间的负相关关系。左浩苗等（2011）认为卖空限制的交易规则和投资者异质信念可以解释"特质波动之谜"现象，即投资者具有异质信念，悲观的投资者在卖空限制的条件下无法参与交易，而乐观的投资者则会大量买入股票，导致当期股票价格的高估以及未来资产收益水平的降低，从而出现特质风险与预期收益之间的负相关关系。

对于特质风险与长期绩效之间的关系，本书倾向于支持特质风险对长期绩效的推动作用。一方面，特质风险越高的公司，个性化差异程度越大，也相应具有更为真实、及时的股票价格信息的引导，具有较高的盈余信息含量以及资本配置效率。杜耐维（Durnev）等（2003）的研究发现，公司特质波动越大，股价中包含的公司未来盈余的信息含量就越多，表明特质波动能够促进公司间资源的有效配置。杜耐维（Durnev）等（2004）指出，较高的特质风险与有效的资本预算相联系，从而表明特质风险有利于公司内部资源的有效分配。游家兴（2008）的研究发现，市场信息效率的提高（特质风险的增大）显著改善了资源的配置效率。另一方面，可能导致特质风险与预期收益之间负相关的市场因素（投资者的非理性行为、卖空限制等）对特质风险与长期绩效之间关系的影响程度较小。毕竟，除了公司基本面的影响之外，预期收益的变动比长期绩效的变动受到外界因素的影响程度更大。那阮（Nguyen）（2011）的研究就发现，特质风险与公司的未来业绩呈现出显著的正相关关系。

假设 4：特质风险在管理层风险承担与长期绩效的关系中扮演了中介功能，即管理层风险承担增加了公司的特质风险，但该特质风险的增大有助于提升公司的长期绩效。

5.3 研究设计

5.3.1 样本选择与数据来源

鉴于研发强度具有明显的行业差异（安同良等，2006），本书仅以2004~2009年A股主板制造业上市公司中披露R&D信息的公司为初选样本。为保证数据的准确，剔除被ST、有过重大资产重组、关键数据有重大疏漏、当年以及前一年上市的公司。经筛选后共获得涉及8个行业、890个公司年的观测值。2004~2009年每年分别有114、134、155、165、165、157个观测值。董事会治理数据来自南开大学公司治理指数数据库；R&D变量来自作者对上市公司年报的手工收集；其余数据来自CCER、CSMAR、WIND数据库。

5.3.2 主要变量

5.3.2.1 董事会治理

中国上市公司董事会治理评价体系是在借鉴国内外董事会评价的基础上，针对我国上市公司的特定外部环境和基本情况，从董事权利与义务、董事会运作效率、董事会组织结构、董事薪酬、独立董事制度五个维度出发，将公司治理评价与数理方法相结合，以指数的方式针对上市公司董事会治理状况所构筑的一整套评价体系。董事会治理指数由上述五个维度指数加权后计算得出，得分越高，说明董事会治理质量越好。具体评价体系如表5-1所示。

表5-1 中国上市公司董事会治理评价体系

董事会治理指数（$CCGI_{BOD}^{NK}$）	子因素层	说明
董事权利与义务（$CCGI_{BOD1}^{NK}$）	董事会构成、董事来源、任职年限、离职状况、履职情况、专业背景等	反映董事身份、忠实勤勉义务及其履职情况
董事会运作效率（$CCGI_{BOD2}^{NK}$）	董事会规模、董事会会议情况、董事性别及年龄结构等	反映董事会的功能与作用的实现状态
董事会组织结构（$CCGI_{BOD3}^{NK}$）	专业委员会设置、董事会领导结构等	反映董事会组织结构状态
董事薪酬（$CCGI_{BOD4}^{NK}$）	董事薪酬水平、董事薪酬形式等	衡量董事报酬水平以及报酬结构的激励约束状态
独立董事制度（$CCGI_{BOD5}^{NK}$）	独立董事比例、独立董事专业背景、离职状况、参加会议情况、独立董事津贴等	反映独立董事制度的建设与运行状态

资料来源：南开大学公司治理指数数据库。

5.3.2.2 管理层风险承担

R&D 收益分布的非均衡性和不确定性决定了 R&D 的高风险特征,而资本支出的投资风险则相对较低(Kothari 等,2002)。鉴于 R&D 与资本支出的不同风险属性,管理层如何将公司有限的资源在 R&D 和资本支出间进行分配在一定程度上反应了管理层的风险承担意愿。

本书在借鉴 Coles 等(2006)方法的基础上[①],采用 R&D 与资本支出的资金配置比例代表管理层风险承担行为(RDCA),该比例越高,管理层风险承担意愿越强。资本支出为固定资产、无形资产和其他长期资产的购建与处置金额之差。R&D 来自笔者对财务报告附注"支付的其他与经营活动有关的现金流量"中的技术开发费、研发支出等的手工收集。之所以如此衡量 R&D,一方面是为了保证数据的可比性,因为 2007 年新会计准则实施前后 R&D 的会计处理变动较大,而现金流量表中的 R&D 披露则基本不变;另一方面,本书的 R&D 和资本支出数据均来自现金流量表,在公司使用现金配置 R&D 和资本支出方面保持了统计口径的一致性。

5.3.2.3 特质风险

基于金融资产定价理论,如果市场有效,所有影响个股收益的因素都将被定价,定价模型的误差项包含了与公司特质相对应的、所有不能被定价的影响因素,即公司的特质波动或特质风险(黄波等,2006)。基于 CAPM,本书利用市场模型,采用两种方法计算特质风险。对于股票 i,存在如下单一指数模型:

$$r_{id} = \alpha_i + \beta_i r_{md} + \varepsilon_{id} \tag{5-1}$$

其中,$E(\varepsilon_{id}) = Cov(r_{md}, \varepsilon_{id}) = 0$;$r_{id}$ 为股票 i 在第 d 天的个股回报率;r_{md} 为第 d 天按流通市值加权的市场回报率;r_{id} 和 r_{md} 分别用不考虑和考虑现金红利再投资的日回报率衡量。本书利用每支股票年度内所有交易的日数据,用 OLS 对模型(5-1)进行回归。

根据乐沃(Low)(2009)的方法,计算模型(5-1)所得残差(ε_{id})的方差,取对数后作为特质风险的第一种代理变量。IND、IWD 分别对应不考虑、考虑现金红利再投资的日回报率计算所得残差的方差;LIND 和 LIWD 是特质风险变量,分别为 IND、IWD 的对数。

[①] Coles 等(2006)采用联立方程模型,将研发投资、资本支出分开考虑,探讨了管理层激励对管理层风险承担的影响。但分设方程具有一定的局限性,因为分别探讨 R&D 与资本支出的数量大小并不能说明管理层在 R&D 与资本支出间的资金配置。比如,某一年份 R&D 金额的增加并不一定是由于管理层多投资于 R&D,而可能是研发投资与资本支出之间的分配比例不变,但该年度公司可供支配资金的增加导致了 R&D 的增加。故本书选择比例的形式衡量管理层风险承担,以反映管理层在高风险的研发投资与低风险的资本支出之间的资金配置问题。

借鉴费瑞纳（Ferreira）（2007）的方法，利用 $\sigma_{i\varepsilon}^2 = \sigma_i^2 - \sigma_{im}^2/\sigma_m^2$ 衡量公司的特质收益率波动，其中，$\sigma_i^2 = \text{Var}(r_{id})$，$\sigma_{im} = \text{Cov}(r_{id}, r_{md})$，$\sigma_m^2 = \text{Var}(r_{md})$。每只股票相对特质收益率的波动为 $\sigma_{i\varepsilon}^2$ 与 σ_i^2 的比值，也就是模型（5-1）的 $1-R^2$（拟合优度）。本书使用相对特质收益率波动的对数形式作为特质风险的第二种代理变量，即 $\ln(1-R_i^2) - \ln(R_i^2) = \ln(\sigma_{i\varepsilon}^2) - \ln(\sigma_i^2 - \sigma_{i\varepsilon}^2)$。R2ND、R2WD 分别对应不考虑、考虑现金红利再投资的日回报率回归所得 R^2 计算的特质风险；AR2ND、AR2WD 则分别对应不考虑、考虑现金红利再投资的日回报率回归所得调整后的 R^2 计算的特质风险。

需要说明的是，$1-R^2$ 最初的定义是特质收益率的波动，在莫克（Morck）等（2000）开创性的研究之后，$1-R^2$ 才被广泛用于衡量股价波动的非同步性。费瑞纳等（2007）采用 $1-R^2$ 的对数形式衡量特质风险，也是延续了 $1-R^2$ 作为特质收益波动、股价波动非同步性的含义，其与特质信息密切相关。根据模型（5-1），ε_{id} 代表了个股回报率的方差没能被市场信息解释的部分，即特质信息对股票收益的影响。ε_{id} 越大，$1-R^2$ 越大，表明特质信息对个股收益的解释力度越大。

5.3.3 研究模型

5.3.3.1 董事会治理、管理层持股与管理层风险承担：联立方程模型

鉴于董事会治理、管理层持股与管理层风险承担之间的相互影响，本书利用2004~2009年中国制造业上市公司的样本，建立如下联立方程模型，采用3SLS和GMM方法，探讨董事会治理、管理层持股与管理层风险承担之间的关系：

$$(CCGI_{BOD}^{NK})_{it} = \lambda_1 + \lambda_2 MS_{it} + \lambda_3 RDCA_{it} + \lambda_4 LS_{it} + \lambda_5 STA_{it} + \lambda_6 SIZE_{it}$$
$$+ \lambda_7 TQA_{it} + \lambda_8 AGE_{it} + \sum YEAR + \sum INDU + \varepsilon_{it} \quad (5-2)$$

$$MS_{it} = \lambda_9 + \lambda_{10}(CCGI_{BOD}^{NK})_{it} + \lambda_{11} RDCA_{it} + \lambda_{12} SOWN_{it} + \lambda_{13} TENU_{it} + \lambda_{14} MC_{it}$$
$$+ \lambda_{15} SIZE_{it} + \lambda_{16} LEV_{it} + \lambda_{17} TQA_{it} + \sum YEAR + \sum INDU + \varepsilon_{it} \quad (5-3)$$

$$RDCA_{it} = \lambda_{18} + \lambda_{19}(CCGI_{BOD}^{NK})_{it} + \lambda_{20} MS_{it} + \lambda_{21} INS_{it} + \lambda_{22} LS_{it}$$
$$+ \lambda_{23} TENU_{it} + \lambda_{24} MC_{it} + \lambda_{25} LEV_{it} + \lambda_{26} TQA_{it} + \lambda_{27} CASH_{it}$$
$$+ \lambda_{28} SR_{it} + \lambda_{29} SG_{it} + \sum YEAR + \sum INDU + \varepsilon_{it} \quad (5-4)$$

联立方程模型中，内生变量为 $CCGI_{BOD}^{NK}$、MS、RDCA，分别代表董事会治理指数、管理层（总经理、财务总监、总经济师、董事会秘书等）持股比例、管理层风险承担。下标 it 表示公司 i 第 t 年的变量。根据已有相关理论，三个方程中还分别增加了相应的控制变量（YEAR、INDU 分别为年度和行业虚拟变量，为共有的控制变量）：

董事会治理方程控制了如下因素：第一大股东持股比例（LS）为第一大股

东持股数量与总股本的比值;国有控股(STA)为虚拟变量,当终极控股股东为国企时,取值为1,否为0;公司规模(SIZE)为销售收入的自然对数;托宾Q(TQA)以市场价值与总资产账面价值的比重表示;上市时间(AGE)由公司报告期末与上市日期之差的自然对数表示。

管理层持股方程控制了如下因素:国有股持股比例(SOWN)为国有股持股数量与总股本的比值;管理层任期(TENU)为管理层所有成员在公司平均任期的自然对数;管理层现金薪酬(MC)为管理层所有成员现金薪酬的自然对数;资产负债率(LEV)为总负债占总资产的比重;公司规模(SIZE)和托宾Q(TQA)。

管理层风险承担方程控制了如下因素:机构投资者持股比例(INS)以证券投资基金、券商、社保基金、保险公司和QFII持股总额与总股本的比值表示;现金持有(CASH)为货币资金与总资产的比值;年个股回报率(SR)以不考虑现金红利再投资的年个股回报率表示;营业收入增长率(SG)为年末销售收入与年初销售收入比值的对数;第一大股东持股比例(LS);管理层任期(TENU);管理层现金薪酬(MC);资产负债率(LEV);托宾Q(TQA)。

5.3.3.2 管理层风险承担与长期绩效:特质风险的中介效应

借鉴 Baron et al. (1986),本书建立模型(5-5)~(5-7)探讨特质风险在管理层风险承担与长期绩效关系中扮演的中介效应:

$$IDIO_{it} = \alpha_1 + \delta RDCA_{it} + \beta_{11}ASS_{it} + \beta_{12}FIXED_{it} + \beta_{13}ROE_{it} + \beta_{14}LEV_{it}$$
$$+ \beta_{15}DIV_{it} + \beta_{16}LS_{it} + \beta_{17}AGE_{it} + \sum YEAR + \sum INDU + \varepsilon_{it} \quad (5-5)$$

$$EBITA_{it123} = \alpha_2 + \eta RDCA_{it} + \beta_{21}LEV_{it} + \beta_{22}DIV_{it} + \beta_{23}AGE_{it} + \beta_{24}IOS_{it}$$
$$+ \sum YEAR + \sum INDU + \varepsilon_{it} \quad (5-6)$$

$$EBITA_{it123} = \alpha_3 + \theta RDCA_{it} + \omega IDIO_{it} + \beta_{31}LEV_{it} + \beta_{32}DIV_{it} + \beta_{33}AGE_{it}$$
$$+ \beta_{34}IOS_{it} + \sum YEAR + \sum INDU + \varepsilon_{it} \quad (5-7)$$

$IDIO_{it}$代表公司i第t年特质风险的六个变量,t的取值区间为2004~2007年;$EBITA_{it123}$代表长期绩效,为公司i第t+1、t+2和t+3年息税前利润与总资产比值的平均值。采用长期绩效主要基于如下两点原因:第一,管理层风险承担行为对公司绩效并不会发挥立竿见影的推动效应;第二,特质风险与当期绩效之间可能存在内生性问题,即不可观测的投资机会可能同时影响特质风险和当期绩效。故采用长期绩效可以较好地反映管理层风险承担的经济后果,还能有效避免特质风险与当期绩效之间的内生性问题。

η和θ分别为管理层风险承担对长期绩效的总效应和直接效应;δ与ω的乘积代表特质风险的中介效应。如果δ、η、θ和ω都显著,且η大于θ,则表明特质风险具有显著的中介效应。如果δ、ω有一个不显著,则δ与ω的乘积需要进行 Sobel 检验，若显著不为零，才能表明特质风险具有显著的中介效应。

在模型（5-5）中，根据已有文献，本书还控制了影响特质风险的如下因素：公司规模（ASS）为公司总资产的对数；固定资产比率（FIXED）为固定资产与总资产之比；净资产报酬率（ROE）为净利润与股东权益之比；资产负债率（LEV）；红利（DIV）为虚拟变量，公司分红时取值为1，否为0；第一大股东持股比例（LS）；上市时间（AGE）；还有年度和行业虚拟变量。在模型（5-6）和（5-7）中，本书还控制了如下影响长期绩效的变量：资产负债率（LEV）；红利（DIV）；上市时间（AGE）；总资产增长率（IOS）为资产增加额与期初总资产之比，还有年度和行业虚拟变量。

5.4 实证结果与分析

5.4.1 描述性统计

由表5-2可知，董事会治理指数的均值为56.988。在董事会治理的五个分维度中，董事薪酬指数的均值最低，为49.985；董事会组织结构指数表现最好，均值为59.231。总体而言，样本上市公司的董事会治理水平并不高。样本上市公司管理层持股比例的均值为0.288，总体来说处于较低水平。管理层风险承担的均值为0.149，表明样本公司中R&D投入占资本支出的平均比重约为3/20。IND、IWD均值相同，都为0.014。R2NDR（AR2NDR）、R2WDR（AR2WDR）分别代表模型（5-1）中使用不考虑、考虑现金红利再投资的日回报率回归所得R^2（调整后的R^2）。上述四个变量的均值都在0.42附近，与Morck等（2000）得出的中国上市公司的R^2（0.453）基本相符，表明中国股市的不成熟，还有待进一步提高信息处理效率。样本公司三年期息税前利润与总资产比值的均值为0.058。

表5-2 关键变量的描述性统计

变量	均值	中位数	标准差	变量	均值	中位数	标准差
$(CCGI_{BOD}^{NK})_{it}$	56.988	57.888	5.032	IND_{it}	0.014	0.013	0.003
$(CCGI_{BOD1}^{NK})_{it}$	56.979	58.663	8.133	IWD_{it}	0.014	0.013	0.003
$(CCGI_{BOD2}^{NK})_{it}$	59.028	59.250	5.652	$R2NDR_{it}$	0.428	0.426	0.142
$(CCGI_{BOD3}^{NK})_{it}$	59.231	62.000	10.075	$R2WDR_{it}$	0.429	0.427	0.142
$(CCGI_{BOD4}^{NK})_{it}$	49.985	51.500	10.674	$AR2NDR_{it}$	0.425	0.424	0.143
$(CCGI_{BOD5}^{NK})_{it}$	57.365	57.774	6.906	$AR2WDR_{it}$	0.426	0.424	0.143
MS_{it}（%）	0.288	0.000	0.023	$EBITA_{it123}$	0.058	0.054	0.081
$RDCA_{it}$	0.149	0.069	0.975	INS_{it}	0.127	0.061	0.178

5.4.2 董事会治理、管理层持股与管理层风险承担：内生性考虑

表5-3给出了3SLS和GMM方法下董事会治理、管理层持股与管理层风险承担的联立方程回归结果。联立方程模型中的工具变量由系统中的外生变量构成（Wooldridge, 2008）。在管理层风险承担方程中，董事会治理对管理层风险承担具有显著的正向影响，说明董事会在R&D战略决策制定中发挥了积极作用，在抑制管理层削减R&D投资方面履行了较好的监督职能，有效推动了管理层的风险承担；当区分董事会治理分指数后，发现董事会治理对管理层风险承担的影响主要体现在董事权利与义务、董事会运作效率、董事薪酬以及独立董事制度方面，而在董事会组织结构方面并不显著（限于篇幅，并未给出分指数的联立方程结果）；管理层持股与管理层风险承担显著正相关，说明管理层所有权有助于调节管理层在公司中的行为取向，引导管理层关注公司的长远发展，促进了管理层的风险承担。在董事会治理和管理层持股方程中，可以看到，管理层风险承担也对董事会治理、管理层持股具有积极影响。一方面，在R&D与资本支出的资金配置中更偏向于R&D的公司，通常具有较强的经济实力，同时也需要在组织内部配备适宜的治理机制推动研发行为，故这类公司更倾向于在公司内部建立完善的治理机制；另一方面，管理层风险承担行为对公司经营成果的影响也会导致治理结构的变化，以使公司的风险状况与治理机制相匹配。董事会治理与管理层持股之间存在显著的互补效应，即完善的董事会治理下薪酬委员会良好职能的发挥，有助于提高管理层的所有权；而管理层持股也对董事会结构、运作产生了积极影响。

表5-3 董事会治理、管理层持股与管理层风险承担——联立方程模型

	董事会治理方程因变量：$(CCGI_{BOD}^{NK})_{it}$		管理层持股方程因变量：MS_{it}		管理层风险承担方程因变量：$RDCA_{it}$	
	3SLS	GMM	3SLS	GMM	3SLS	GMM
C	0.207*** (2.747)	0.195*** (3.184)	-0.092* (-1.846)	-0.012** (-2.053)	-0.020 (-1.572)	-0.028*** (-2.753)
$(CCGI_{BOD}^{NK})_{it}$			0.397*** (2.910)	0.057** (2.075)	0.039* (1.814)	0.054*** (2.919)
MS_{it}	2.571*** (3.491)	3.318*** (4.984)			0.142*** (2.985)	0.139*** (3.327)
$RDCA_{it}$	4.992*** (-4.296)	3.848*** (-3.430)	2.069*** (3.977)	0.587** (2.190)		

续表

	董事会治理方程因变量：$(CCGI_{BOD}^{NK})_{it}$		管理层持股方程因变量：MS_{it}		管理层风险承担方程因变量：$RDCA_{it}$	
	3SLS	GMM	3SLS	GMM	3SLS	GMM
LS_{it}	0.009 (0.763)	0.019* (1.760)			0.001 (0.488)	0.001 (0.698)
STA_{it}	0.004 (0.873)	0.005 (1.412)				
$SIZE_{it}$	0.014*** (6.773)	0.011*** (6.756)	−0.006*** (−3.120)	−0.001** (−2.031)		
TQA_{it}	0.027*** (5.863)	0.023*** (5.992)	−0.012*** (−3.110)	−0.001** (−2.197)	−0.001 (−0.624)	−0.0003 (−0.306)
AGE_{it}	0.005 (0.667)	0.013* (1.912)				
$SOWN_{it}$			−0.003 (−1.172)	−0.0002 (−0.766)		
$TENU_{it}$			−0.0002 (−0.428)	0.0001 (1.177)	0.00004 (0.197)	0.0001 (0.373)
MC_{it}			−0.00003 (−0.284)	0.00001 (0.565)	−0.00003 (−0.415)	−0.00005 (−0.755)
LEV_{it}			−0.001 (−0.375)	0.003** (2.137)	−0.0001 (−0.071)	−0.002 (−1.042)
INS_{it}					0.009*** (5.474)	0.012*** (5.039)
$CASH_{it}$					0.011*** (3.894)	0.011*** (3.509)
SR_{it}					−0.0001 (−0.339)	−0.0004 (−1.196)
SG_{it}					0.0002 (0.389)	0.0003 (0.790)
YEAR	YES	YES	YES	YES	YES	YES
INDU	YES	YES	YES	YES	YES	YES
N	890	890	890	890	890	890

注：*、**、***分别表示变量估计系数在10%、5%和1%置信水平上显著，括号内为t值，下同。

5.4.3 管理层风险承担与长期绩效：特质风险的中介效应

表5-4和表5-5给出了特质风险作为管理层风险承担影响长期绩效中介变量的检验结果。表5-4对应模型（5-5），除LIWD外，其余五个特质风险变量均与管理层风险承担显著正相关，从而表明管理层风险承担行为增加了公司的特质风险。表5-5的第1列对应模型（5-6），第2~7列对应模型（5-7）。表5-5显示，管理层风险承担、特质风险对长期绩效都具有显著的提升效应，并且管理层风险承担对长期绩效的总效应 η 为 0.016，均大于表5-5第2~7列中管理层风险承担对长期绩效的直接效应 θ。根据中介变量的检验程序，除LIWD外，其余的特质风险变量都具有显著的中介效应。鉴于RDCA与LIWD间的关系不显著，故LIWD需要进行Sobel检验。使用Sobel（1987）提出的Z统计量①，其原假设为δ与ω的乘积等于零。Z检验5%置信水平上的临界值为0.97。计算所得的Z统计量为1.24，显著大于0.97，表明LIWD作为特质风险的衡量变量也具有显著的中介效应。

表5-4 管理层风险承担与公司特质风险

变量	$LIND_{it}$	$LIWD_{it}$	$R2ND_{it}$	$R2WD_{it}$	$AR2ND_{it}$	$AR2WD_{it}$
C	-9.289***	-8.836***	1.664***	1.695***	2.257***	2.380***
	(-38.314)	(-38.160)	(4.647)	(4.761)	(6.507)	(6.943)
$RDCA_{it}$	0.008*	0.005	0.032***	0.034***	0.031***	0.033***
	(1.751)	(1.267)	(4.395)	(4.470)	(4.617)	(4.654)
ASS_{it}	-0.014	-0.030***	-0.057***	-0.059***	-0.079***	-0.084***
	(-1.249)	(-2.710)	(-3.887)	(-4.171)	(-5.505)	(-6.025)
$FIXED_{it}$	-0.206***	-0.140**	-0.640***	-0.616***	-0.653***	-0.637***
	(-3.143)	(-2.183)	(-8.869)	(-8.327)	(-9.173)	(-8.795)
ROE_{it}	0.011	0.029	0.063	0.068	0.068	0.073
	(0.560)	(1.171)	(1.125)	(1.214)	(1.216)	(1.309)
LEV_{it}	0.041	0.026	0.190**	0.206***	0.240***	0.262***
	(0.868)	(0.664)	(2.465)	(2.678)	(3.113)	(3.459)
DIV_{it}	-0.035**	-0.030*	-0.097***	-0.102***	-0.122***	-0.132***
	(-1.968)	(-1.688)	(-4.250)	(-4.494)	(-5.325)	(-5.981)

---

① $Z = \hat{\delta}\hat{\omega}/\sqrt{\hat{\delta}^2 S_\omega^2 + \hat{\omega}^2 S_\delta^2}$，$\hat{\delta}$、$\hat{\omega}$ 分别为 δ、ω 的估计值，S_ω、S_δ 分别为 $\hat{\delta}$、$\hat{\omega}$ 的标准误差。

续表

变量	$LIND_{it}$	$LIWD_{it}$	$R2ND_{it}$	$R2WD_{it}$	$AR2ND_{it}$	$AR2WD_{it}$
LS_{it}	-0.003	0.031	-0.032	-0.022	0.070	0.083
	(-0.053)	(0.547)	(-0.443)	(-0.316)	(1.067)	(1.323)
AGE_{it}	0.067***	0.069***	0.008	0.008	-0.009	-0.013
	(3.604)	(4.299)	(0.366)	(0.353)	(-0.419)	(-0.648)
YEAR	YES	YES	YES	YES	YES	YES
INDU	YES	YES	YES	YES	YES	YES
Adj-R^2	0.867	0.853	0.688	0.680	0.799	0.852
F	206.958***	183.258***	70.591***	67.941***	126.443***	182.003***
N	568	568	568	568	568	568

表5-5 管理层风险承担、特质风险与公司长期绩效

变量	(1)	(2)$LIND_{it}$	(3)$LIWD_{it}$	(4)$R2ND_{it}$	(5)$R2WD_{it}$	(6)$AR2ND_{it}$	(7)$AR2WD_{it}$
C	2.084**	0.264***	1.214***	0.220***	0.220***	0.219***	0.218***
	(2.213)	(5.275)	(8.114)	(5.026)	(4.902)	(5.228)	(5.086)
$RDCA_{it}$	0.016***	0.002**	0.001*	0.003***	0.002***	0.003**	0.003**
	(2.803)	(1.978)	(1.724)	(2.680)	(2.700)	(2.554)	(2.578)
$IDIO_{it}$		0.006***	0.112***	0.005*	0.006**	0.006*	0.007**
		(2.605)	(6.539)	(1.819)	(2.033)	(1.940)	(2.207)
LEV_{it}	-0.029	-0.040**	-0.056***	-0.042**	-0.042**	-0.046**	-0.046**
	(-0.246)	(-2.276)	(-2.925)	(-2.235)	(-2.215)	(-2.395)	(-2.394)
DIV_{it}	-0.017	0.013	0.024***	0.012	0.012	0.012	0.013
	(-0.771)	(1.203)	(4.520)	(1.160)	(1.167)	(1.225)	(1.244)
AGE_{it}	-0.230*	-0.006	-0.004	-0.007*	-0.007*	-0.007*	-0.007*
	(-1.941)	(-1.316)	(-0.637)	(-1.888)	(-1.819)	(-1.945)	(-1.856)
IOS_{it}	-0.369*	0.085***	0.062***	0.084***	0.084***	0.084***	0.083***
	(-1.753)	(7.493)	(3.802)	(8.268)	(8.181)	(8.145)	(8.059)
YEAR	YES	YES	YES	YES	YES	YES	YES
INDU	YES	YES	YES	YES	YES	YES	YES
Adj-R^2	0.727	0.537	0.849	0.545	0.543	0.563	0.562
F	6.912***	42.157***	200.015***	43.445***	43.061***	46.633***	46.436***
N	568	568	568	568	568	568	568

5.4.4 治理、风险承担与长期绩效的综合考虑：路径分析

本书的分析已表明，管理层风险承担对长期绩效具有显著的促进作用。但是，除了治理会影响管理层风险承担外，治理还会对绩效产生影响。既然治理同时影响了管理层风险承担和长期绩效，是否应该在管理层风险承担与长期绩效的分析框架中考虑治理因素呢？

综观公司绩效的影响因素研究，尤其是与管理层风险承担最为相关的 R&D 研究，其对长期绩效的影响分析中，现有文献大都控制了公司基本面因素，而并未涉及治理因素，比如 Sougiannis（1994）、罗婷等（2009）。如果在长期绩效方程中加入治理变量，一方面，治理变量会影响管理层风险承担；另一方面，治理变量可能还受到长期绩效方程中控制变量的影响。在这种情况下，将治理变量纳入长期绩效方程可能会导致回归结果的偏误。因为管理层风险承担实际上是治理对长期绩效产生影响的一个中介变量，而上述问题的探讨已经超出了单方程模型的分析范畴。现有关于 R&D 与公司绩效关系的文章，之所以在研究设计上也是合理的，是源于我们在分析问题时，总需要仅考虑有限的因素，而假定其他因素对系统不产生影响。这也是本书在研究设计的过程中，分别探讨管理层风险承担的影响因素和经济后果的原因。但是，如果能系统地探讨治理、风险承担与长期绩效之间的关系，无疑会为现有研究增添新的证据。

鉴于此，本书采用路径分析方法，将董事会治理、管理层持股、管理层风险承担、特质风险与长期绩效同时纳入模型中，在管理层风险承担与长期绩效的分析框架下考虑治理因素，以期探讨上述变量之间复杂的共变关系。本书在总样本中，仅涵盖 2005~2007 年的公司作为路径分析的样本。上述样本区间的选择主要是考虑到路径分析中各关键变量的测量时期存在差异：管理层风险承担、特质风险需要第 t 年度的数据；长期绩效需要第 $t+1$、$t+2$ 和 $t+3$ 年度的数据；而董事会治理、管理层持股需要第 $t-1$ 年度的数据。

在路径分析中，董事会治理、管理层持股（外生变量）与管理层风险承担（内生变量）间的关系必须为单向箭头，不能存在双向箭头（吴明隆，2009）①。但管理层风险承担对董事会治理、管理层持股也存在反馈效应。故本书选择第 $t-1$ 年度的董事会治理、管理层持股与第 t 年度的管理层风险承担进行分析。该结构设计消除了内生性问题，从而满足了路径分析的需要。

前文中共使用了六个变量衡量特质风险，由于路径分析中潜在变量的单一指标特性，本书将六个特质风险变量分别代入模型，进行了六次路径分析，所得结

---

① 路径分析是结构方程模型的特殊情况，即只有一个观测变量的潜在变量间的结构模型。管理层风险承担和特质风险作为内生变量，在模型中同时为自变量和因变量，承担着中介变量的角色。

论基本一致。为了节省篇幅，本书仅报告 R2ND 作为特质风险衡量变量时的路径分析结果。图 5-1 即为极大似然估计法（Maximum Likelihood）下仅包括潜在模型的 LISREL 结构方程建模的路径分析[①]。

如图 5-1 和表 5-6 所示，董事会治理、管理层持股均对管理层风险承担具有显著的积极影响，其直接效应分别为 0.082 和 0.111。董事会治理与管理层持股之间的相关系数为 0.175，具有显著性。管理层风险承担正向影响了公司的长期绩效，其总体效应为 0.240，包括管理层风险承担对长期绩效的直接影响 0.228 以及管理层风险承担通过影响特质风险进而对长期绩效产生的间接影响 0.012（0.087×0.142）。特质风险对长期绩效的直接效应为 0.142。董事会治理对长期绩效的总体效应为 0.105，其中，直接效应为 0.085，间接效应为 0.020。间接效应为两条路径效应之和：董事会治理→管理层风险承担→长期绩效（0.019 = 0.082×0.228）以及董事会治理→管理层风险承担→特质风险→长期绩效（0.001 = 0.082×0.087×0.142）。管理层持股对长期绩效的总体效应为 0.028，其中直接效应为 0.001，而通过管理层风险承担、特质风险影响长期绩效

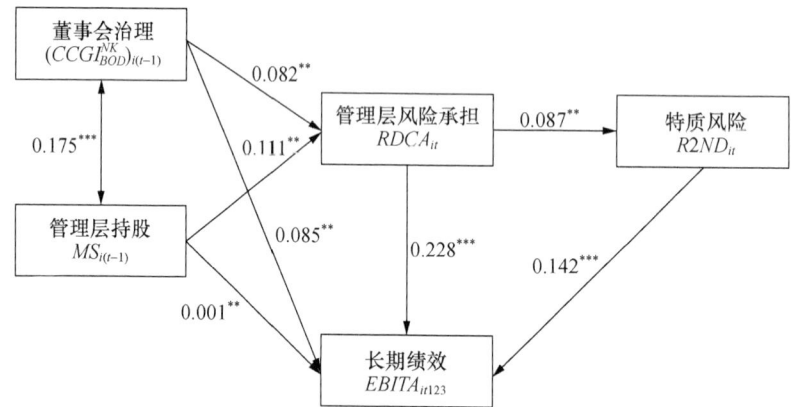

χ^2=2.616(df=2); P=0.270; RMSEA=0.026; NNFI=0.951; NFI=0.964; CFI=0.990; GFI=0.998; IFI=0.991

图 5-1　路径分析（标准化路径系数）

---

① 在路径分析中，本书根据现有理论，首先建立了一个饱和模型，即在图 5-1 的基础上，包括董事会治理、管理层持股对特质风险的影响。因为治理可能也会影响特质风险，比如 Ferreira 等（2007）以公司采取的反接管措施作为治理变量，发现较少的反接管措施（治理较好）会导致较高的特质风险。但在六次路径分析中，董事会治理和管理层持股对特质风险的影响路径均不显著。吴明隆（2009）指出，如果路径分析中的某条路径不显著，可以考虑删除该路径后进行分析。另外，在包括董事会治理、管理层持股对特质风险影响的饱和模型中，样本矩与待估参数的个数均为 15 个，整体模型适配的卡方统计量、自由度均为零，无法估计显著性概率。在饱和模型下探讨适配问题并不存在实质的意义（Bollen，1989）。基于上述原因，本书根据现有理论基础所构建的最终路径分析模型如图 5-1 所示。

的间接效应为 0.027。从整个模型的拟合指数来看,卡方值为 2.616,概率为 0.270,不显著的卡方值表明了理想的模型拟合度;卡方与自由度的比值为 1.308,小于 2;RMSEA 为 0.026,小于 0.05;NNFI、NFI、CFI、GFI、IFI 均大于 0.900。上述统计量的数值表明,模型可以适配标准,具有理想的拟合度。综上所述,路径分析的结果依然支持管理层风险承担对长期绩效的促进作用,同时也进一步印证了董事会治理、管理层持股对管理层风险承担行为的积极影响。

表 5-6　变量间的总体效应、直接效应和间接效应

自变量			因变量(内生变量)		
			管理层风险承担	特质风险	长期绩效
外生变量	董事会治理	总体效应	0.082	0.007	0.105
		直接效应	0.082	—	0.085
		间接效应	—	0.007	0.020
	管理层持股	总体效应	0.111	0.010	0.028
		直接效应	0.111	—	0.001
		间接效应	—	0.010	0.027
内生变量	管理层风险承担	总体效应	—	0.087	0.240
		直接效应	—	0.087	0.228
		间接效应	—	—	0.012
	特质风险	总体效应	—	—	0.142
		直接效应	—	—	0.142
		间接效应	—	—	—

5.5　稳健性检验

5.5.1　R&D 投资数据可信吗?

R&D 投资带来的技术和工艺创新,有可能为公司提供长期的发展动力,使公司具有领先的技术地位及竞争优势。R&D 的上述特性,使得上市公司在披露 R&D 信息时,有可能存在着虚假披露的行为,即公司倾向于多披露 R&D 的正面信息,而有意隐藏 R&D 的负面信息,从而导致 R&D 投资多的公司具有较好的长

期绩效。本书的管理层风险承担变量由 R&D 和资本支出构成。R&D 的上述选择性信息披露问题可能造成管理层风险承担变量的测量误差，进一步导致管理层风险承担下长期绩效的提升可能掺杂了部分上市公司策略性信息披露行为的影响①。

为了进一步降低管理层风险承担变量的测量误差对回归结果的影响，本书仅选择具有较高信息披露质量的公司作为样本，探讨管理层风险承担与长期绩效之间的关系。如果说信息质量较低公司的管理层风险承担对长期绩效的提升效应可能源于公司对 R&D 信息的选择性披露的话，那么，对于高信息披露质量的公司而言，管理层风险承担与长期绩效之间的显著正相关关系，则可以在一定程度上说明，管理层风险承担确实具有促进公司长期绩效的作用②。

本书在总样本的基础上，选择 2004~2007 年在深交所"信息披露考评"中获得优秀和良好等级的深市上市公司为样本，探讨具有较好信息披露公司的管理层风险承担行为是否仍然能够发挥对公司长期绩效的推动作用。限于篇幅，表 5-7 仅给出了关键变量的回归结果。可以看出，当以信息披露质量较好的公司为子样本时，管理层风险承担通过影响公司的特质风险（经 Sobel 检验，LIWD 也具有显著的中介效应），对长期绩效发挥了显著的提升效应。

表 5-7 管理层风险承担、特质风险与长期绩效——以信息披露质量较好的公司为样本

Panel A 管理层风险承担与公司特质风险						
变量	$LIND_{it}$	$LIWD_{it}$	$R2ND_{it}$	$R2WD_{it}$	$AR2ND_{it}$	$AR2WD_{it}$
C	-9.372***	-8.929***	1.991***	2.002***	2.655***	2.820***
	(-32.703)	(-31.170)	(4.757)	(4.748)	(6.375)	(6.733)
$RDCA_{it}$	0.011*	0.006	0.022**	0.021*	0.022*	0.021*
	(1.777)	(1.343)	(2.040)	(1.901)	(1.896)	(1.744)
Adj-R^2	0.864	0.846	0.469	0.442	0.517	0.464
F	169.512***	146.509***	24.368***	21.980***	29.367***	23.927***

---

① 本书使用的 R&D 为财务数据，摘自财务报告附注。财务数据并不像文字性陈述信息（比如公司战略、未来发展等）那样具有较强的信息弹性，即管理层对财务信息的欺诈具有较高的成本，因为财务信息的凭证特性使得管理层较难凭空捏造证据；但管理层却可以较容易地回应投资者及监管部门对陈述性信息质量的质疑。另外，证券监管部门对信息披露的监督以及会计师事务所对年报的审计可以在一定程度上确保上市公司财务数据（包括 R&D）披露的真实性。也就是说，R&D 信息披露中可能存在的失真现象可以控制在一定范围内。

② 但本书的上述检验只能在一定程度上排除虚假 R&D 披露对管理层风险承担与长期绩效关系的可能影响。因为具有较高信息披露质量的公司，仅仅表明该公司具有相对较好的信息质量，并不意味着公司不存在 R&D 信息的虚假披露。但鉴于准确判断上市公司是否存在虚假 R&D 信息披露的困难性，本书也只能作上述改进。不足之处有待日后进一步研究。

第5章 中国上市公司董事会的战略功能：基于管理层风险承担视角

续表

Panel B 管理层风险承担、特质风险与公司长期绩效

变量	(1)	(2) $LIND_{it}$	(3) $LIWD_{it}$	(4) $R2ND_{it}$	(5) $R2WD_{it}$	(6) $AR2ND_{it}$	(7) $AR2WD_{it}$
C	11.643 **	2.563 ***	1.018 *	-0.487 ***	-0.540 ***	-0.132 **	-0.517 ***
	(2.083)	(4.233)	(1.862)	(-3.460)	(-4.443)	(-1.978)	(-3.585)
$RDCA_{it}$	0.201 ***	0.089 *	0.093 ***	0.004 *	0.004 *	0.009 ***	0.006 *
	(5.226)	(1.774)	(2.624)	(1.778)	(1.778)	(3.350)	(1.700)
$IDIO_{it}$		0.283 ***	0.106 **	0.036 ***	0.038 ***	0.088 ***	0.021 **
		(4.441)	(2.458)	(3.146)	(3.000)	(12.318)	(2.194)
$Adj-R^2$	0.671	0.883	0.766	0.316	0.394	0.560	0.422
F	4.424 ***	79.428 ***	117.004 ***	14.802 ***	20.361 ***	38.923 ***	22.755 ***

5.5.2 与管理层风险承担行为相连的特质风险是否能够促进长期绩效

本书利用经典的中介效应检验模型，通过多方程构成的体系以及 Sobel 检验证明了特质风险在管理层风险承担与长期绩效之间发挥的中介效应，这部分的稳健性检验旨在探讨与管理层风险承担行为相连的特质风险是否也会提升公司的长期绩效，从而为前文的中介效应检验模型提供进一步的证据支撑。

借鉴 Core et al.（1999）的方法，本书采用特质风险的拟合值检验由管理层风险承担所影响的特质风险对长期绩效产生的作用。首先，对模型（5-5）进行回归，根据回归结果计算特质风险的拟合值 $FIDIO_{it}$，其值为 $\hat{\delta}RDCA_{it}$。然后根据模型（5-8），将该拟合值再对长期绩效进行回归。回归系数 φ 测度了管理层风险承担影响下的特质风险对长期绩效的作用。

$$EBITA_{it123} = \alpha + \varphi FIDIO_{it} + \beta_1 LEV_{it} + \beta_2 DIV_{it} + \beta_3 AGE_{it} + \beta_4 IOS_{it} + \sum YEAR + \sum INDU + \varepsilon_{it} \quad (5-8)$$

由表 5-8（仅给出关键变量的回归结果）可知，特质风险的拟合值 $FIDIO_{it}$ 与长期绩效之间呈现出显著的正相关关系，表明管理层风险承担行为影响下的特质风险同样具有提升公司长期绩效的作用。

表 5-8 与管理层风险承担相连的特质风险与公司长期绩效

变量	(1) $FLIND_{it}$	(2) $FLIWD_{it}$	(3) $FR2ND_{it}$	(4) $FR2WD_{it}$	(5) $FAR2ND_{it}$	(6) $FAR2WD_{it}$
C	3.975 ***	5.964 ***	-0.019	-0.115 *	-1.598 ***	0.635 ***
	(3.203)	(4.538)	(-0.361)	(-1.893)	(-13.491)	(3.416)
$FIDIO_{it}$	0.341 ***	0.558 ***	0.141 **	0.122 **	0.176 *	0.110 ***
	(2.620)	(3.998)	(2.463)	(2.212)	(1.782)	(3.200)

续表

变量	(1) $FLIND_{it}$	(2) $FLIWD_{it}$	(3) $FR2ND_{it}$	(4) $FR2WD_{it}$	(5) $FAR2ND_{it}$	(6) $FAR2WD_{it}$
Adj-R^2	0.402	0.202	0.687	0.549	0.199	0.420
F	24.496***	24.439***	83.903***	47.011***	23.944***	36.334***

5.6 本章小结

R&D 投资的固有属性、管理层的人力价值补偿以及利益攫取动机内生决定了管理层在风险承担方面的不作为，公司需要配备适宜的监督和激励机制以调动管理层风险承担的积极性，从而推动公司的创新活动。基于此，本书以进行 R&D 投资的中国制造业上市公司为样本，立足于管理层风险承担对长期绩效的提升效应，考虑董事会治理、管理层持股与管理层风险承担的潜在内生性问题，采用联立方程模型探讨了董事会治理、管理层持股对管理层风险承担行为的影响。

本书的研究发现，董事会战略决策和监督职能的有效发挥，管理层所有权的增大，能够促使管理层在资本投向决策中表现出明显的风险承担意愿，促使管理层在资金配置问题上，更偏重于高风险的 R&D 投资，而适度减少低风险的资本支出。管理层风险承担行为增加了公司面临的不确定性以及收益的波动性，从而导致了公司较大的特质风险；但该特质风险的增大却显著提升了公司的长期绩效。

对于管理层风险承担、特质风险与长期绩效之间的关系，需要说明的是，较高的特质风险虽然有助于提高资本配置效率，但同时也代表了公司未来收益波动性的增大。本书关注特质风险影响下长期绩效的增长，并不否认特质风险所带来的不确定性。虽然大样本的实证研究表明，特质风险的增大有助于公司长期绩效的提升，但对于单个公司而言，仍需要权衡公司当前风险承担状况下的风险控制问题，以确保创新活动对公司未来发展的积极影响。

本书认为，管理层风险承担行为能够为上市公司赢得长远发展的机会，对公司核心竞争力的培育具有积极的意义。在管理层风险承担意愿缺失的情况下，上市公司需要在组织内部建立完善的董事会结构，健全董事会运作的机制，并为管理层在公司中所有权的增加提供适宜的制度保障，从根本上激发管理层的创新热情，才能切实提高管理层的风险承担意愿，推动公司的创新能力，使中国企业不再放弃技术追赶，真正成为具有领先技术的创新型企业。

第 6 章

结论与研究展望

6.1 研究结论与政策建议

基于内部控制和管理层风险承担,在构建董事会治理评价指标体系的基础上,本书统计分析了中国上市公司董事会治理质量的概况,并探讨了董事会的监督功能和战略功能。研究结论如下:

第一,中国上市公司董事会治理质量持续提升,但面临着"强制型治理"向"自主型治理"转型的关键时期,在治理结构、机制与运作中还存在着亟须完善的问题。设立其他委员会(除审计、薪酬、提名、战略委员会之外)的上市公司数量较少,但其他委员会的设立种类却名目繁多。独立董事很少出具保留意见或者无法发表意见,在现阶段更多地呈现出"花瓶"特征,更倾向于赞同上市公司的各项议案。女性董事在我国上市公司中占有的席位有限。董事及其关联方(董事的父母、董事的配偶、董事的子女、董事的兄弟姐妹、受控法人、上市公司的关联人、上市公司股东的关联人、其他关联人等)的持股变动日益频繁,呈现出复杂的动机。

第二,随着中国内部控制相关法规的建立健全,我国上市公司内部控制的披露水平和质量也逐渐完善,但绝大部分上市公司和会计师事务所都认为公司的内部控制质量不存在缺陷,呈现出过于乐观的态势。上市公司需针对公司部门与下属公司紧抓内部控制质量,密切关注会计控制、控制设计、控制运行、信息与沟通、管理控制中的控制缺陷,切实做好内部控制缺陷的整改工作及其公开披露工作。内部控制质量较高的公司,具有相对完善的董事会治理结构和运作机制。

第三，董事会结构的完善与机制的有效发挥，较大的管理层所有权，推动了管理层在资本投向决策中的风险承担意愿。也就是说，管理层在公司治理质量高的公司中，会将资金更多地配置于高风险的研发投资，而在低风险的资本支出方面则配置了相对较少的资金。管理层的风险承担行为在一定程度上增加了公司的不确定性以及收益的波动性，导致公司具有较大的特质风险；但偏好风险公司较大的特质风险对公司的长期绩效具有显著的提升效应。

针对当前我国上市公司董事会治理质量及其内部控制功能与战略功能，本文提出如下政策建议：

第一，监管机构应关注董事及其关联方的持股交易行为，采取适度管制措施，防止持股变动中的谋利行为。自2006年我国上市公司的董事、监事、高管被允许在任职期间内交易公司股票，董事及其关联方的持股变动日益被研究者们所关注，也逐渐呈现出复杂的交易动机。董事对上市公司前景的估计、董事对投资组合风险的偏好程度、董事对流动性的需求等都可能影响董事及其"亲友团"持有股票的交易行为。监管机构的适度监管是保护广大中小投资者权益的有效途径。

第二，监管机构应持续推动会计师事务所公允审计上市公司内部控制质量，厘清会计师事务所与上市公司之间的潜在关联与利益交割，提升会计师事务所审计水准，真正发挥为广大中小投资者保驾护航的作用。

第三，"花瓶独立董事"的存在是中国独立董事选聘制度、独立董事行为动机权衡下的博弈结果。监管机构应完善上市公司选聘独立董事的相关制度，切实保证发表否定意见的独立董事的自身利益不受侵害，为独立董事的勤勉尽责提供制度保障和财务支撑。

第四，上市公司应构建良好的董事会治理结构与运作机制，切实推动管理层的风险承担意愿，激发管理层的创新热情，提升公司的创新能力。同时，上市公司也需关注管理层风险承担意愿下公司潜在的风险问题，积极做好风险控制与防范，确保公司创新对未来发展的积极推动作用。

6.2 研究不足与展望

本书构建了中国上市公司、中国在美上市公司董事会治理评价指标体系，统计分析了中国上市公司董事会治理质量，并从内部控制和管理层风险承担视角，探究了董事会的监督功能与战略功能，为董事会的功能与评价研究提供了新的经验证据。但本书的研究依然存在着如下不足，在未来的研究中有待进一步深化：

第一，董事会行为在董事会治理评价中的权重应进一步提升。虽然本书从专业委员会履职情况、董事股份变动、议事规则、培训、业绩评估、权利赋予、职能发挥、关联交易等指标方面尽量将董事会运作和行为层面的指标纳入评价指标体系中，但董事会"运作黑箱"的存在还是显著加大了董事会行为指标的获取难度。未来的董事会治理评价研究应更多地关注董事会行为指标。

第二，本书基于代理理论、管家理论，探讨了董事会的监督功能和战略功能。在监督功能的探讨中，更多采用了统计分析的方法，未来的研究应密切关注董事会监督功能可能存在的内生性问题，探讨董事会监督功能发挥的影响因素。另外，本文尚未涉及董事会的资源提供功能。未来的研究应从董事人物特征、人脉关系等角度挖掘董事的社会资本网络，为董事会的资源提供功能提供有益的研究支撑。

参考文献

[1] Aboody, D., Lev, B. 2000. Information Asymmetry, R&D, and Insider Gains. Journal of Finance, 55: 2747 – 2766.

[2] Aggarwal, R., Erel, I., Stulz, R., Williamson, R. 2009. Differences in Governance Practice between U. S. and Foreign Firms: Measurement, Causes, and Consequences. Review of Financial Studies, 22 (8): 3131 – 3169.

[3] Aggarwal, R., Williamson, R., 2006. Did New Regulations Target the Relevant Corporate Governance Attributes? Working Paper, Georgetown University.

[4] Alchian A., Demsetz, A, 1972. Production, Information Costs, and Economic Organization. American Economic Review, 62 (60): 777 – 795.

[5] Alderfer, C. P., 1986. The Invisible Director on Corporate Boards. Harvard Business Review, 64: 38 – 52.

[6] Ammann, M., Oesch, D., Schmid, M. M., 2011. Corporate Governance and Firm Value: International Evidence. Journal of Empirical Finance, 18 (1): 36 – 55.

[7] Ang, A., Hodrick, R. J., Xing, Y. H., Zhang, X. Y., 2006. The Cross – section of Volatility and Expected Returns. Journal of Finance, 61: 259 – 299.

[8] Ang, A., Hodrick, R. J., Xing, Y. H., Zhang, X. Y., 2009. High Idiosyncratic Volatility and Low Returns, International and Further U. S. Evidence. Journal of Financial Economics, 91: 1 – 23.

[9] Audia P G, Locke E A, Smith K G., 2000. The Paradox of Success: An Archival and a Laboratory Study of Strategic Persistence Following Radical Environmental change. Academy of Management Journal, 43 (5): 837 – 853.

[10] Bali, T. G., Cakici, N., 2008. Idiosyncratic Volatility and the Cross Section of Expected Returns. Journal of Financial and Quantitative Analysis, 43: 29 – 58.

[11] Balkin, D. B., Markman, G. D., Gomez – Mejia, L. R., 2000. Is CEO pay in High – technology Firms Related to Innovation?" Academy of Management Jour-

nal, 43, 1118 – 1129.

[12] Baron, R. M. , Kenny, D. A. , 1986. The moderator – mediator variable distinction in social psychological research, conceptual, strategic, and statistical considerations. Journal of Personality and Social Psychology, 51, 1173 – 1182.

[13] Bauer, Rob, Nadja Gunster, Roger Otten, 2004. Empirical evidence on corporate governance in Europe: the effect on stock returns, firm value and performance. Journal of Asset Management, 5 (August): 91 – 104.

[14] Baysinger, B. , Hoskisson, R. , 1990. The composition of boards of directors and strategic control. Academy of Management Review, 15: 72 – 87.

[15] Beatty, R. P. , Zajac, E. J. , 1994. Managerial incentives, monitoring, and risk bearing, a study of executive compensation, ownership, and board structure in initial public offerings. Administrative Science Quarterly, 39, 313 – 335.

[16] Bertrand, M. , Mullainathan, S. , 2001. Are CEOs rewarded for luck? The ones without principals are. The Quarterly Journal of Economics, 116 (3): 901 – 932.

[17] Bhagat, S. , Welch, I. , 1995. Corporate research & development investments international comparisons. Journal of Accounting and Economics, 19, 443 – 470.

[18] Black, Bernard S. , Hasung Jang, Woochan Kim, 2006. Does corporate governance predict firm's market values? Evidence from Korea, Journal of Law, Economics, and Organization Volume, 22 (2): 366 – 413.

[19] Bollen, K. A. , 1989. Structural equations with latent variables, New York, Willey.

[20] Brown, L. , Caylor, M. , 2009. Corporate governance and firm operating performance. Review of Quantitative Finance & Accounting, 32, 129 – 144.

[21] Brown, Lawrence D. , Caylor, Marcus L. , 2006. Corporate governance and firm valuation. Journal of Accounting and Public Policy, 25 (4): 409 – 434.

[22] Bruno, V. , Claessens, S. , 2010. Corporate governance and regulation: Can there be too much of a good thing? Journal of Financial Intermediation, 19 (4): 461 – 482.

[23] Burt, R. , 1980. Cooptive corporate actor networks: A reconsideration of interlocking directorates involving american manufacturing. Administrative Science Quarterly, 25 (4): 557 – 581.

[24] Bushee, B. , 1998. The influence of institutional investors on myopic R&D investment behavior. The Accounting Review, 73, 305 – 333.

[25] Campbell, J., Lettau, M., Malkiel, B., Xu, Y., 2001. Have individual stocks become more volatile? An empirical exploration of idiosyncratic risk. Journal of Finance, 56, 1-43.

[26] Chakraborty, A., Sheikh, S., Subramanian, N., 2007. Termination risk and managerial risk taking. Journal of Corporate Finance, 13, 170-188.

[27] Chambers, D., Jennings, R., Thompson, R. B., 2002. Excess returns to R&D intensive firms. Review of Accounting Studies, 7, 133-158.

[28] Chan, L. K. C., Lakonishok, J., Sougiannis, T., 2001. The stock market valuation of research and development expenditures. The Journal of Finance, 56, 2431-2456.

[29] Cheng, C. S. Agnes, Denton Collins, Henry Huang, 2003. The effect of the S&P T&D rankings on market beta, abnormal returns and earnings response coefficients in the period surrounding the report release date. Working paper, University of Houston.

[30] Coffee, J. C., 1999. Privatization and corporate governance: The lessons from securities market failure. Journal of Corporate Law, 25, 1-39.

[31] Cohen, W. M., Levinthal, D. A., 1990. Absorptive capacity: A new perspective on learning and innovation. Administrative Science Quarterly, 35, 128-152.

[32] Coles, J. L., Daniel, N. D., Naveen, L., 2006. Managerial incentives and risk-taking. Journal of Financial Economics, 79, 431-468.

[33] Core, J. E., Holthausen, R. W., Larcker, D. F., 1999. Corporate governance, chief executive officer compensation, and firm performance. Journal of Financial Economics, 51, 371-406.

[34] Coughlan, A. T., Schmidt, R. M., 1985. Executive compensation, managerial turnover, and firm performance, an empirical investigation. Journal of Accounting and Economics, 7, 43-66.

[35] Dasgupta, P., Stiglitz, J., 1980. Uncertainty, industrial structure, and the speed of R&D. The Bell Journal of Economics, 11, 1-28.

[36] David, P., Hitt, M. A. Gimeno, J., 2001. The influence of activism by institutional investors on R&D. The Academy of Management Journal, 44, 144-157.

[37] Davis J. H., Schoorman, F. D., Donaldson, L. 1997. Toward a Stewardship Theory of Management. The Academy of Management Review, 22 (1), 20-47.

[38] Dawna L. Rhoades, Paula L. Rechner, Chamu Sundaramurthy, 2001. A Meta-analysis of board leadership structure and financial performance: are " two heads

better than one"? Corporate Governance: An International Review, 9 (4), 311 -319.

[39] Dechow, P., Sloan, R., 1991. Executive incentives and the horizon problem: An empirical investigation. Journal of Accounting and Economics, 14, 51 -89.

[40] Denis, D. J. Denis, D. K., 1994. Majority owner - managers and organizational efficiency. Journal of Corporate Finance, 1, 91 -118.

[41] Deutsch, Y., 2007. The influence of outside directors' stock - option compensation on firms' R&D. Corporate Governance: An International Review, 15, 816 -827.

[42] Doidge, C., 2004. Why are foreign firms listed in the U. S. worth more? Journal of Financial Economics, 71 (2), 205 -238.

[43] Donald C Hambrick, Gregory D S Fukutomi, 1991. The seasons of a CEO's tenure. Academy of Management Review, 16 (4), 719 -742.

[44] Dunn, P., 2004. The impact of insider power on fraudulent financial reporting. Journal of Management, 30 (3), 397 -412.

[45] Durnev, A., Morck, R., Yeung, B., 2004. Value - enhancing capital budgeting and Firm - specific Stock return variation. The Journal of Finance, 59, 65 -105.

[46] Durnev, A., Morck, R., Yeung, B., Zarowin, P., 2003. Does greater firm - specific return variation mean more or less informed stock pricing? Journal of Accounting Research, 41, 797 -836.

[47] Durnev, A. R. T., Kim, E. H., 2005. To steal or not to steal: Firm attributes, legal environment, and valuation. The Journal of Finance, 60, 1461 -1493.

[48] Eberhart, A., Maxwell, W., Sidique, A., 2004. An examination of Long - term abnormal stock returns and operating performance following R&D increases. Journal of Finance, 59, 623 -650.

[49] Eisenhardt, K. M., 1989. Agency theory: An assessment and review. The Academy of Management Review, 14 (1), 57 -74.

[50] Fama, E. F., 1980. Agency problems and the theory of the firm. Journal of Political Economy, 88, 288 -307.

[51] Fama, E. F., Jensen, M. C., 1983. Separation of ownership and control. Journal of Law & Economics, 26 (2), 301 -325.

[52] Ferreira, M. A. Laux, P. A., 2007. Corporate governance, idiosyncratic risk, and information flow. The Journal of Finance, 62, 951 -989.

[53] Fryxell, G. E., 1990. Multiple outcomes from product R&D, profitability under different strategic orientations. Journal of Management, 16, 633 -646.

[54] Fu, F. J., 2009. Idiosyncratic risk and the Cross - section of expected

stock returns. Journal of Financial Economics, 91, 24 – 37.

[55] García Lara, J. M., García Osma, B., Penalva, F., 2009. Accounting conservatism and corporate governance. Review of Accounting Studies, 3 (14), 161 – 201.

[56] Gaspar, José – Miguel, Massa, M., 2006. Idiosyncratic volatility and product market competition. Journal of Business, 79, 3125 – 3152.

[57] Gompers, P., Ishii, J., Metrick, A., 2003. Corporate governance and equity prices. The Quarterly Journal of Economics, 118, 107 – 155.

[58] Goyal, A., Santa – Clara, P., 2003. Idiosyncratic risk matters! Journal of Finance, 58, 975 – 1008.

[59] Graham, J. R., Harvey, C. R., Rajgopal, S., 2005. The economic implications of corporate financial reporting. Journal of Accounting and Economics, 40, 3 – 73.

[60] Grice, J. W., & Harris, R. J., 1998. A comparison of regression and loading weights for the computation of factor scores. Multivariate Behavioral Research, 33 (2), 221 – 247.

[61] Grinyer, J., Russell, A., Collison, D., 1998. Evidence of managerial Short – termism in the UK. British Journal of Management, 9, 13 – 22.

[62] Hall, B. H., Oriani, R., 2006. Does the market value R&D investment by European firms? Evidence from a panel of manufacturing firms in France, Germany, and Italy. International Journal of Industrial Organization, 24, 971 – 993.

[63] Han, B., Kumar, A., 2008. Retail clienteles and the idiosyncratic volatility puzzle. Working Paper.

[64] Haunschild, P., Beckman, C., 1998. When do interlocks matter? Alternate sources of information and interlock influence. Administrative Science Quarterly, 43 (4), 815 – 844.

[65] Hill, S., 1995. The social organization of boards of directors. The British Journal of Sociology, 46 (2), 245 – 278.

[66] Hillman, A J, Dalziel, T., 2003. Boards of directors and firm performance: integrating agency and resource dependence perspectives. The Academy of Management Review, 28 (3), 383 – 396.

[67] Hillman, A., Cannella A., Paetzold, R., 2000. The resource dependence role of corporate directors: strategic adaptation of board composition in response to environmental change. Journal of Management Studies, 37 (2), 235 – 256.

[68] Hirshleifer, D., 1993. Managerial reputation and corporate investment de-

cisions. Financial management, 22, 145 – 160.

[69] Hirshleifer, D., Thakor, A., 1992. Managerial conservatism, project choice, and debt. Review of Financial Studies, 5, 437 – 470.

[70] Jensen, M. C., 1969. Risk, the pricing of capital assets, and the evaluation of investment portfolios. Journal of Business, 42 (2), 167 – 247.

[71] Jensen, M. C., Meckling, W. H., 1976. Theory of the firm, managerial behavior, agency costs and ownership structure. Journal of Financial Economics, 3, 305 – 360.

[72] Jensen, M. C., 1993. The modern industrial revolution, exit, and the failure of internal control systems. Journal of Finance, 84 (3), 831 – 880.

[73] Jensen, Michael, Clifford Smith., 1984. Stockholder, manager, and creditor interests: Applications of agency theory. In Recent Advances in Corporate Finance, ed. E. Altman and M. Subrahmanyam, Homewood (IL): Richard D. Irwin, 93 – 131.

[74] Jerry Sun, Steven F. Cahan, David Emanuel, 2009. Compensation committee governance quality, chief executive officer stock option grants, and future firm performance. Journal of Banking & Finance, 33 (8), 1507 – 1519.

[75] John, K., Litov, L., Yeung, B., 2008. Corporate governance and risk – taking. The Journal of Finance, 63, 1679 – 1728.

[76] Johnson, J., Daily, C., Ellstrand, A., 1996. Boards of Directors: A review and research agenda. Journal of Management, 22 (3), 409 – 438.

[77] Johnson, R., Greening, D., 1999. The effects of corporate governance and institutional ownership on corporate social performance. Academy of Management Journal, 42 (5), 564 – 580.

[78] Judge, W., Zeithaml, C., 1992. Institutional and strategic choice perspectives on board involvement in the strategic: a decision process. Academy of Management Journal, 35 (4), 755 – 794.

[79] King, T. – H. D., Wen, M. – M., 2011. Shareholder governance, bondholder governance, and managerial risk – taking. Journal of Banking & Finance, 35, 512 – 531.

[80] Kor, Y. Y., 2006. Direct and interaction effects of top management team and board compositions on R&D investment strategy. Strategic Management Journal, 27, 1081 – 1099.

[81] Kor, Y. Y., Mahoney, J. T., 2005. How dynamics, management, and

governance of resource deployments influence firm – level performance. Strategic Management Journal, 26, 489 – 496.

[82] Kosnik, R. D., 1990. Effects of board demography and directors' incentives on corporate greenmail decisions. Academy of Management Journal, 33, 129 – 150.

[83] Kothari, S. P., Laguerre, T., Leone, A., 2002. Capitalization versus expensing, evidence on the uncertainty of future earnings from capital expenditures versus R&D outlays. Review of Accounting Studies, 7, 355 – 382.

[84] Larcker, D., Richardson, S., Tuna, I., 2007. Corporate governance, accounting outcomes and organizational performance. The Accounting Review, 82, 963 – 1008.

[85] Laverty, K. J., 1996. Economic " short – termism": The debate, the unresolved issues, and the implications for management practice and research. Academy of Management Review, 21, 825 – 860.

[86] Leblanc, R., Schwartz, M. S., 2007. The black box of board process: gaining access to a difficult subject. Corporate Governance: An International Review, 15, 843 – 851.

[87] Lel, U., Miller, D. P., 2008. International cross – Listing, firm performance, and top management turnover: a test of the bonding hypothesis. The Journal of Finance, 63 (4), 1897 – 1937.

[88] Lipton, M., Lorsch, J., 1992. A modest proposal for improved corporate governance. Business Lawyer, 48 (11), 59 – 77.

[89] Lorsch, J., Maclver, E., 1989. Pawns or potentates: The reality of Ameirica's corporate boards. Cambridge, Harvard Business School Press.

[90] Low, A., 2009. Managerial risk – taking behavior and equity – based compensation. Journal of Financial Economics, 92, 470 – 490.

[91] Luo, X., Bhattacharya, C. B., 2009. The debate over doing good, corporate social performance, strategic marketing levers, and firm – idiosyncratic risk. Journal of Marketing, 73, 198 – 213.

[92] Mace, M. L., 1971. Directors, myth and reality. Boston, MA, Harvard University Press.

[93] Mazzucato, M., Tancioni, M., 2008. Innovation and idiosyncratic risk, an industry – and firm – level analysis. Industrial and Corporate Change, 17, 779 – 811.

[94] McConnell, J. J., Servaes, H., 1990. Additional evidence on equity ownership and corporate value. Journal of Financial Economics, 27, 595 – 612.

[95] Mehran, H., 1995. Executive compensation structure, ownership and firm performance. Journal of Financial Economics, 38, 163 – 184.

[96] Merton, R. C., 1987. A simple model of capital market equilibrium with incomplete information. The Journal of Finance, 42, 483 – 510.

[97] Miller, D., 1991. Stale in the saddle: CEO tenure and the match between organization and environment. Management Science, 37, 34 – 52.

[98] Mizik, N., Jacobson, R., 2003. Trading off between value creation and value appropriation: The financial implications of shifts in strategic emphasis. Journal of Marketing, 67, 63 – 76.

[99] Mizruchi, M S., 1983. Who controls whom? An examination of the relation between management and boards of directors in large American corporations. Academy of Management Review, 8 (3): 426 – 435.

[100] Mizruchi, M. S., Stearns, L. B., 1988. A Longitudinal Study of the Formation of Interlocking Directorates. Administrative Science Quarterly, 33 (2), 194 – 210.

[101] Morck, R., Shleifer, A., Vishny, R., 1988. Management ownership and market valuation: An empirical analysis. Journal of Financial Economics, 20, 293 – 315.

[102] Morck, R., Yeung, B., Yu, W., 2000. The information content of stock markets: Why do emerging markets have synchronous stock price movements? Journal of Financial Economics, 58, 215 – 260.

[103] Newman, H. A., Mozes, H. A., 1999. Does the composition of the compensation committee influence CEO compensation practices? Financial Management, 28, 41 – 53.

[104] Nguyen, P., 2011. Corporate governance and risk – taking: Evidence from Japanese firms. Pacific – Basin Finance Journal, 19, 278 – 297.

[105] Oliver, G. R., Walker, R. G., 2006. Reporting on software development projects to senior managers and the board. Abacus, 42, 43 – 65.

[106] Osma, B. G., 2008. Board independence and real earnings management: The case of R&D expenditure. Corporate Governance: An International Review, 16, 116 – 131.

[107] O'Sullivan, M., 2000. Contests for corporate control: Corporate governance and economic performance in the United States and Germany. Oxford University Press.

[108] Pástor, L., Veronesi, P., 2003. Stock valuation and learning about

profitability. The Journal of Finance, 58, 1749 – 1790.

[109] Patel, Sandeep A. , George Dallas, 2002. Transparency and disclosure: Overview of methodology and study results – united states, SSRN working paper.

[110] Paul, J. M. , 1992. On the efficiency of stock – based compensation. Review of Financial Studies, 5, 471 – 502.

[111] Peasnell K. V. , Pope, P. F. , Young, S. , 2003. Managerial equity ownership and the demand for outside directors. European Financial Management, 9, 231 – 250.

[112] Pettigrew, A. M. , 1992. On studying managerial elites. Strategic Management Journal, 13, 163 – 182.

[113] Reese, W. A. , Weisbach, M. S. , 2002. Protection of minority shareholder interests, crosslistings in the United States, and subsequent equity offerings. Journal of Financial Economics, 66 (1): 65 – 104.

[114] Roberts, K. Weitzman, M. L. , 1981. Funding criteria for research, development, and exploration projects. Econometrica, 49, 1261 – 1288.

[115] Ryan, H. , Wiggins, R. , 2002. The interactions between R&D, investment decisions and compensation policy. Financial Management, 31, 5 – 30.

[116] Salva, C. , 2003. Foreign listings, corporate governance, and equity valuations. Journal of economics and business. 55 (5/6): 463 – 485.

[117] Selznick, P. , 1949. TVA and the grass root: A study of the sociology of formal organizations. New York, University of California Press.

[118] Sethia, N. K. , 1989. The shaping of creativity in organizations. Academy of Management Proceedings, 8, 224 – 228.

[119] Sobel, M. E. , 1987. Direct and indirect effects in linear structural equation models. Sociological Methods & Research, 16, 155 – 176.

[120] Sougiannis, T. , 1994. The accounting based valuation of corporate R&D. The Accounting Review, 69, 44 – 68.

[121] Stiles, P. , Taylor, B. , 2001. Boards at work: How directors view their roles and responsibilities. Oxford University Press.

[122] Stulz, R. , 1999. Globalization, corporate finance, and cost of capital. Journal of Applied Corporate Finance, 12 (3), 8 – 25.

[123] Tosi, H. L. , Gomez – Mejia, L. R. , 1994. CEO compensation monitoring and firm performance. Academy of Management Journal, 37, 1002 – 1016.

[124] Vafeas, N. , 1999. Board meeting frequency and firm perform-

ance. Journal of Financial Economics, 53 (1), 113 – 142.

[125] Wooldridge, J. M., 2008. Introductory econometrics: A modern approach. South – Western College Pub.

[126] Wright, P., Ferris, S. P., Sarin, A., Awasthi, V., 1996. Impact of corporate insider, blockholder, and institutional equity ownership on firm risk taking. The Academy of Management Journal, 39, 441 – 463.

[127] Xie, B., Davidson Iii, W. N., DaDalt, P. J., 2003. Earnings management and corporate governance: the role of the board and the audit committee. Journal of Corporate Finance, 9 (3), 295 – 316.

[128] Xu, Y., Malkiel, B., 2003. Investigating the behavior of idiosyncratic volatility. Journal of Business, 76, 613 – 644.

[129] Zahra, S. A., Neubaum, D. O., Huse, M., 2000. Entrepreneurship in medium – size companies: Exploring the effects of ownership and governance systems. Journal of Management, 26, 947 – 976.

[130] Zahra, S. A., Pearce II, J. A., 1989. Boards of directors and corporate financial performance: A review and integrative model. Journal of Management, 15 (2), 291 – 334.

[131] Zajac, E. J., Westphal, J. D., 1994. The costs and benefits of managerial incentives and monitoring in large U. S. corporations: When is more not better? Strategic Management Journal, 15, 121 – 142.

[132] Zald, M. N., 1969. The power and functions of boards of directors: A theoretical synthesis. American Journal of Sociology, 75, 97 – 111.

[133] Zhou, J., George, J. M., 2001. When job dissatisfaction leads to creativity, encouraging the expression of voice. The Academy of Management Journal, 44, 682 – 696.

[134] 安同良, 施浩, Ludovico Alcorta. 2006. 中国制造业企业 R&D 行为模式的观测与实证——基于江苏省制造业企业问卷调查的实证分析. 经济研究, 2, 21 – 30.

[135] 陈健, 曾世强, 李湛, 2009. 基于非系统风险被定价的资本资产定价模型. 管理工程学报, 3, 62 – 65.

[136] 陈妙玲, 林楚彬, 戴良安, 2011. 广告, 顾客满意度与研究发展对企业系统与非系统风险之效果. 台大管理论丛, 2, 55 – 80.

[137] 冯根福, 温军, 2008. 中国上市公司治理与企业技术创新关系的实证分析. 中国工业经济, 7, 91 – 101.

[138] 何红渠,廖斌,2007. 中国上市公司治理评价研究原理·方法·案例. 长沙市:湖南人民出版社.

[139] 胡阳,刘志远,任美琴,2006. 设计有效的经营者持股激励机制——基于中国上市公司的实证研究. 南开管理评论,5,52-58.

[140] 胡奕明,唐松莲,2008. 独立董事与上市公司盈余信息质量. 管理世界,9,149-160.

[141] 黄波,陈正旭,2010. 中国A股上市公司董事会治理结构的影响因素研究. 管理科学,6,11-22.

[142] 黄波,李湛,顾孟迪,2006. 基于风险偏好资产定价模型的公司特质风险研究. 管理世界,11,119-127.

[143] 李斌,张耀南,2004. 上市公司独立董事评价指标体系和评价指数设置. 世界经济,10,66-72.

[144] 李春涛,宋敏,2010. 中国制造业企业的创新活动:所有制和CEO激励的作用. 经济研究,5,55-67.

[145] 李维安,孙文,2007. 董事会治理对公司绩效累积效应的实证研究——基于中国上市公司的数据. 中国工业经济,12,77-84.

[146] 刘伟,刘星,2007. 高管持股对企业R&D支出的影响研究——来自2002~2004年A股上市公司的经验证据. 科学学与科学技术管理,10,172-175.

[147] 鲁桐,孔杰,2005. 2004年中国上市公司100强公司治理评价. 国际经济评论,3,37-43.

[148] 罗婷,朱青,李丹,2009. 解析R&D投入和公司价值之间的关系. 金融研究,6,100-110.

[149] 宁向东,2006. 公司治理理论. 中国发展出版社.

[150] 史欣向,陆正华,2010. 研发效率对企业绩效的影响:基于企业层面数据的实证研究. 科学学与科学技术管理,7,23-27.

[151] 唐雪松,申慧,杜军,2010. 独立董事监督中的动机——基于独立意见的经验证据. 管理世界,9,138-149.

[152] 王福胜,刘仕煜,2010. 基于Ohlson会计评价模型的公司治理评价研究. 管理科学,5,14-21.

[153] 王艳,孙培源,杨忠直,2005. 经理层过度投资与股权激励的契约模型研究. 中国管理科学,1,127-131.

[154] 吴明隆,2009. 结构方程模型——AMOS的操作与应用. 重庆大学出版社.

[155] 夏冬,2003. 所有权结构与企业创新效率. 南开管理评论,3,32-36.

[156] 谢永珍, 2006. 董事会治理评价研究. 高等教育出版社.

[157] 徐金发, 刘翌, 2002. 企业治理结构与技术创新. 科研管理, 7, 11-15.

[158] 杨建君, 刘刃, 2007. 外部董事数量与企业创新决策关系. 科学学与科学技术管理, 6, 45-48.

[159] 叶康涛, 祝继高, 陆正飞, 张然, 2011. 独立董事的独立性: 基于董事会投票的证据. 经济研究, 1, 126-139.

[160] 游家兴, 2008. 市场信息效率的提高会改善资源配置效率吗?——基于 R^2 的研究视角. 数量经济技术经济研究, 2, 110-121.

[161] 张宗益, 张湄, 2007. 关于高新技术企业公司治理与 R&D 投资行为的实证研究. 科学学与科学技术管理, 5, 23-26.

[162] 朱国泓, 方荣岳, 2003. 管理层持股: 沪市公司管理层的观点. 管理世界, 5, 125-134.

[163] 左浩苗, 郑鸣, 张翼, 2011. 股票特质波动率与横截面收益: 对中国股市"特质波动率之谜"的解释. 世界经济, 5, 117-135.